KB211019

너는 두려워하지 말라
내가 너를 구속하였고
내가 너를 지명하여 불렀나니 너는 내 것이라
네가 물 가운데로 지날 때에 내가 너와 함께 할 것이라
강을 건널 때에 물이 너를 침몰하지 못할 것이며
네가 불 가운데로 지날 때에 타지도 아니할 것이요
불꽃이 너를 사르지도 못하리니
대저 나는 여호와 네 하나님이요
이스라엘의 거룩한 이요 네 구원자임이라
내가 애굽을 너의 속량물로,
구스와 스바를 너를 대신하여 주었노라
네가 내 눈에 보배롭고 존귀하며
이사야서 43장 1절하~4절상

보배롭고 존귀한 .... 님께

.... 드림

보배롭고
존귀한

초판 1쇄 발행 2013년 10월 20일

저　자 조 관 호

발행처 도서출판 지혜로운

출판등록 2011년 11월 10일 제327-2011-08호

주　소 부산광역시 동구 수정2동 542-6번지 3/3

연락처 010.2650.8744

이메일 ssaljuk@gmail.com

ⓒ**조관호, 2012** ISBN 978-89-968029-6-9

보배롭고 존귀한

you are precious and honored

조 관 호 지음

Contents

이사야 43장 1~4절의 말씀은 제가 늘 애송하던 말씀이었고 성
도의 가정을 방문하거나 환자를 만날 때 가장 많이 인용하던 구
절이었습니다. 한절 한절이 가슴 속을 깊이 파고드는 말씀이기
에 말씀을 전하는 저도, 함께 나누는 이들도 꼭 은혜를 받곤 했
었지요.

그런데 어느 날 기도 중에 그 말씀이 강하게 뇌리를 스쳐지나갔
습니다. 저는 급하게 성경을 펴서 그 이사야 43장 말씀을 읽고
또 읽었습니다. 한 동안 가슴이 뭉클했고 결국 그 자리에서 뜨거
운 감사의 눈물을 오래도록 흘렸습니다.

하나님은 볼품없는 나를 사랑스럽게 바라보시며 "너는 나에게 보배롭고 존귀한 존재란다"라고 말씀하셨습니다. 그 이유는 당신 손으로 친히 나를 지으셨기 때문이랍니다. 그때, 제 머릿속에 잔잔한 영상이 떠올랐습니다.

태초에 하나님이 사람을 만들고 계셨습니다. 하나님은 축축하고 붉은 흙을 만지작거리셨습니다. 삼위의 하나님이 사람을 어떤 모습으로 만들지 서로 고민하고 대화하시는 모습도 보였습니다. 그렇게 신중하게 의논하신 후 하나님은 사람을 만들기 시작하셨습니다.

흙으로 얼굴과 머리를 만드시고 가슴을 만드시고 손과 발, 그리고 뼈를 만들면서 움직임을 살펴셨습니다. 물론 보이지 않는 몸속의 것들도 만드셨겠지요. 식도, 기도, 심장, 위, 대장, 소장, 췌장, 십이지장, 간, 비장, 쓸개, 콩팥, 맹장 등을 만드셨을 것이 분명합니다. 그리고 온 몸에 혈관과 신경들을 연결시키시고, 피와 각 세포들을 만드셨겠지요. 나는 사람을 만들고 계시는 하나님의 섬세하신 모습으로 충만했습니다.

영상은 계속되었습니다. 그렇게 사람을 다 지으시고는 하나님이 그의 코에 "후~"하고 생기를 불어 넣으셨습니다. 하나님의 입으로부터 생기를 받은 인간이 서서히 움직이고 하나님을 대면하여 대화를 나누는 모습이 보였습니다. 하나님은 당신이 직접 구상하고 손수 만드신 인간을 무척 좋아하셨습니다. 매우 흡족한 표정을 지으셨습니다. 하나님의 눈에 인간이 얼마나 보배롭고 존귀하게 보였을까 하는 생각이 들었습니다.

그런데 곧바로 또 다른 생각이 났습니다. 그토록 보배롭고 존귀하게 여기며 사랑했던 인간이 하나님을 등지고 타락했을 때의 심정은 또 어떠셨을까. 불순종과 죄악의 길에서 돌아올 기회를 줘도 오히려 핑계만 댈 뿐 점점 더 멀리 가버리는 인간을 보시면서 견딜 수 없는 고통중에 계셨을 하나님을 생각하니 가슴이 몹시 아팠습니다. 하나님의 두 손으로 직접 만드신 깨끗하고 순진했던 인간이 제멋대로 사탄의 노예가 되어 거짓과 탐욕과 미움과 교만과 음란과 원수 맺는 것과 방탕 속에서 고통을 겪고 있는 것을 고스란히 보고계시는 하나님의 아픈 마음을 생각하니 고개가 숙여졌습니다. 하나님께 죄송했습니다.

나의 묵상은 하나님을 모욕하고 배반하면서 사탄을 기쁘게 하는 인간들을 향한 하나님의 긍휼하심으로 이어졌습니다. 죄로 인해 괴로움 속에 빠져있는 인간들을 구원하시기 위해 아들을 이 땅에 보내시고, 온 인류의 죄를 짊어진 죄인으로 만들어 십자가에 못 박으신 하나님이 생각났습니다.

'얼마나 인간을 사랑하셨으면 그런 일을 하셨을까? 인간이 그리도 보배롭고 존귀한 존재란 말인가?' 라는 거룩한 의심에 빠지게 되었습니다. 우리들을 구원하시기 위해 아들을 십자가에 죽이신 하나님, 그토록 우리를 보배롭고 존귀하게 여기시는 하나님 앞에 고개를 들 수가 없었습니다. 그렇게 우리를 구원하신 하나님은 우리를 향해 "너는 내 것이다"라고 말씀해 주셨습니다. 물 가운데로 지날 때에도 우리와 함께 할 것이고 강을 건널 때에도 물이 나를 침몰하지 못할거라고 하셨습니다. 혹시 불 가운데로 지난다 하더라도 불꽃이 나를 사르지 못하게 할거라고 말씀하셨습니다. 왜냐하면 하나님의 눈에는 우리가 보배롭고 존귀한 존재이기 때문입니다.

감동입니다. 지금까지 잘한 게 없는데, 앞으로 잘할 가능성도 없는데, 오히려 하나님의 마음을 아프게 했는데 전혀 개의치 않으시고, 그런 나를 여전히 하나님의 눈에 보배롭고 존귀한 존재라고 하시니 이 얼마나 놀라운 일인지요!

가능할지 모르겠습니다만, 나를 보배롭고 존귀한 존재라고 말씀
해주신 하나님께 나 역시 진짜 보배롭고 존귀한 사람이 되고 싶
습니다. 주께서 나를 보배롭고 존귀한 그리스도의 군사라고 하
셨고, 경기하는 자라고 하셨거든요. 그 뿐 아니라 보배롭고 존귀
한 농부요, 그릇이요, 향기요, 편지라고 하셨습니다. 또한 보배
롭고 존귀한 성전이요, 지체요, 신부요, 증인이요, 일꾼이요, 상
속자라고 하셨습니다. 그 모든 이름 하나 하나에 걸맞는 정말 보
배롭고 존귀한 하나님의 사람이 되고 싶습니다.

하나님, 이 못난 존재를 보배롭고 존귀하게 보신다니 그 사랑
과 그 은혜를 어찌 감당해야 하는지요. 십자가에서 흘린 예수
의 피가 나를 당신의 눈에 보배롭고 존귀한 자로 보이게 한 것
이겠지요!

　"주님, 당신의 얼굴에 미소를 드리는 보배롭고 존귀한 존재가
되기 위해 열심히 살아볼게요!"

감당할 수 없는 은혜를 받은 작은 종 　조관호 목사

01

보배롭고 존귀한 **군사**입니다

너는 그리스도 예수의 좋은 병사로 나와 함께 고난을 받으라
병사로 복무하는 자는 자기 생활에 얽매이는 자가 하나도 없나니
이는 병사로 모집한 자를 기쁘게 하려 함이라 딤후 2:3~4

01

보배롭고 존귀한 **군사**입니다

너는 그리스도 예수의 좋은 병사로 나와 함께 고난을 받으라
병사로 복무하는 자는 자기 생활에 얽매이는 자가 하나도 없나니
이는 병사로 모집한 자를 기쁘게 하려 함이라 딤후 2:3~4

군사에게는 반드시 적(敵)이 있습니다. 우리의 생명을 노리고 재산
과 영토를 노리는 적군 때문에 군사가 필요한 것입니다. 군사는 엄
중한 사명을 가진 존재입니다. 자신보다는 공동체를 위해 존재하는
사람이 바로 군사입니다.

주님은 그리스도인을 군사로 부르셨습니다. 신앙공동체를 공격하
는 귀신들의 세력과 그들의 수장인 마귀가 있기 때문입니다. 이들
은 그리스도 공동체를 공격하는 우리의 적입니다. 사탄은 십자가
의 복음을 공격하여 성도들로 하여금 죄로부터의 용서, 구원의 확

신의 기쁨을 흔들기도 하고 아예 교회 공동체가 십자가 복음을 잊게 만듭니다.

복음을 지키는 사명

성도로서의 삶은 복음을 기뻐하는 것으로부터 시작합니다. 죄를 인식하고, 그 죄가 십자가에서 처리되었음을 깨닫고 즐거워하며 믿음으로 구원받았다는 사실에 감격하는 것입니다. 그런데 사탄은 성도들로 하여금 그 복음을 잊게 만듭니다. 교회 공동체가 인간을 파멸로 인도한 '죄'를 잊게 하고 예수께서 자기 몸에 인류의 죄를 지시고 죄인이 되어 십자가에 못박히셨으며 오직 그것을 믿는 믿음으로만 구원을 받는다는 복음을 서서히 잊게 만드는 것입니다. 그것을 아시는 주님이 이 복음을 지키도록 그리스도인을 군사로 명명하신 것입니다.

죄의 용서와 구원의 방법은 십자가와 그것을 믿는 믿음뿐입니다. 다른 복음은 없습니다. 만일 다른 방법으로 죄를 용서받거나 구원을 받게 하는 가르침이 있다면 그것은 그리스도인을 교란하는 것이고 그리스도의 복음을 변하게 하는 악한 것입니다. 오직 믿음으로 구원받는다는 복음 이외에 다른 복음을 전한다면 그 전하는 자가 천사라 하더라도 저주를 받아야 하는 것입니다.

"다른 복음은 없나니 다만 어떤 사람들이 너희를 교란하여 그리스도의 복음을 변하게 하려 함이라 그러나 우리나 혹은 하늘로부터 온 천사라도 우리가 너희에게 전한 복음 외에 다른 복음을 전하면 저주를 받을지어다"(갈1:7-8)

오직 믿음으로만 구원을 받는다는 것은 정말로 놀라운 소식입니다. 그런데 사탄은 이 놀라운 복음을 악용하여 그리스도인을 방탕하게 만들고 죄 앞에 담대하게 만듭니다. 죄를 지으면서도 구원의 확신이 있다고 당당하게 말하는 자가 참 믿음을 가진 자인 것처럼 포장하는 것입니다. 죄를 두려워하면 믿음으로 구원을 받는다는 것에 대한 확신이 없어서 두려운 거라고 가르칩니다. 게다가 의도적으로 죄를 짓는 사람에게까지 구원은 믿음으로 받는 것이니 죄와 구원의 문제는 별개로 생각하라고 가르치는 것입니다. 가르침은 그럴듯합니다. 그러나 이것은 사탄이 복음을 악용하여 그리스도인을 주님으로부터 떨어져나가게 하는 저주의 가르침인 것입니다.

그렇기 때문에 주님은 그리스도인에게 이런 도덕 폐기론의 엉터리 가르침으로부터 성도와 교회를 지키고 보호하라는 사명을 주면서 우리를 군사로 명하신 것입니다. 아무런 공로와 행위 없이 오직 믿음으로 구원을 받는다는 것은 놀라운 은혜입니다. 이 은혜를 아는 사람은 은혜에 젖어서 하나님께 감사하며 하나님의 영에 따라 선을 행하며 하나님의 영광을 위해 살게 되어 있는 것입니다. 요한 사도는 믿음으로 말미암아 구원을 얻은 사람을 하나님께로부터 난 사람이라고 표현하면서 그런 사람은 죄를 짓지 않는다고 말합니다(요일3:9).

그리스도인에게는 소망이 있습니다. 천국에 대한 소망입니다. 이 땅에서 예수 십자가의 복음을 듣고 믿어 구원을 받았다는 것은 천국을 소유하게 되었다는 것입니다. 죄를 용서받고 구원을 받았다는 것은 천국으로 연결되는 복음입니다. 그런데 사탄은 천국을 잊게 만드는 것입니다. 천국을 잊으면 죄 용서함의 의미도 없고 구원의 의미도 없습니다. 결국 죄 용서와 구원이라는 것은 '기독교라는 종교'의 '생명 없는 소리'로만 남게 되는 것입니다.

천국의 소망이 없는 기독교는 기독교가 아닙니다. 천국 때문에 죄 용서의 복음을 받아들이는 것이고 천국가기 위해 구원을 받는 것입니다. 그리스도인은 천국의 시민권을 가진 사람으로서 천국을 기다리는 사람들이고 영광의 변화된 몸으로 천국에서 살 것을 약속 받은 사람들입니다(빌3:20-21). 그 천국이 약속되어 있기에 이 땅에서 고난도 감수하고 순교까지 하는 것입니다. 그런데 사탄은 그리스도인과 교회 공동체가 천국 소망을 품지 못하도록 유도합니다. 현실주의자로 만들어 버립니다. 세상에서 부유해지고 출세하고 성공하기 위한 기독교 생활로 타락시킵니다. 땅의 일만을 생각하게 하는 것입니다(빌3:19하). 그러므로 그리스도의 군사는 주께서 약속하신 천국 소망에 대한 사탄의 공격을 막아야 합니다. 천국의 시민권을 가진 형제 자매들을 사탄으로부터 보호해야 하는 것입니다.

보배롭고 존귀한 군사

군복을 입으면 군인으로 보일지 모릅니다만 군복을 입은 사람이 모두 사명을 감당하는 것은 아닙니다. 사명을 감당하기 위해서는 훈련되어 있어야 하고 계속 훈련을 받아야 합니다. 그리스도의 군사도 예외는 아닙니다. 이제 막 예수를 믿기 시작한 사람은 군사로 부름받지 않습니다. 군사의 사명이 주어지지도 않습니다. 복음을 지키는 사명자로 부르는 것은 하나님의 주권이고 부르신 후에는 혹독한 훈련을 시키십니다. 물론 스스로도 훈련을 해야 합니다. 국가도 군사로 징집을 한 후에는 가장 우선적으로 훈련소에 집어

넣고 훈련을 시킵니다. 정신적인 훈련과 육체적인 훈련을 강도 높게 시킵니다.

바울은 교회를 핍박하던 사람입니다. 교회의 가르침이 잘못되었다고 확실히 믿었기 때문입니다. 그런 그가 다메섹 도상에서 그가 핍박했던 예수를 직접 만났습니다. 그러니 예수와 교회에 대한 그의 생각이 180도 바뀌었을 것입니다. 그런데 그렇다고 해서 그가 바로 예수의 죽음과 부활을 전하는 사람으로 변하지는 않았습니다. 아라비아에 가서 오랜 기간 특별한 훈련을 받았습니다. 적어도 14년 이상 철저한 훈련을 받고서야 복음의 전도자가 되었습니다(갈 1:16-17, 2:1-2). 그런 강도 높은 훈련을 거친 바울은 유대인의 공격은 물론 이방인들의 전통적이고 논리적인 공격에도 당당하게 이길 수 있었습니다. 그러므로 그리스도의 군사로 부름을 받은 성도는 훈련받아야 하고 또 계속 훈련을 해야 합니다.

복음을 지키는 군사는 언제나 사탄의 공격에 대비하고 있어야 합니다. 사탄은 우는 사자 같은 모습(벧전5:8)으로 공격하기 때문이고 뱀처럼 노리면서 틈을 보고 있다가 틈만 생기면 가차 없이 공격을 하기 때문입니다. 성경은 그런 사탄의 공격에 대비하는 자세로 하나님의 전신갑주를 입으라고 말씀합니다(엡6:11, 13). 전신에 갑주를 입어야 자신도 보호할 수 있고 하나님의 교회와 성도를 보호하는 사명을 감당할 수 있기 때문입니다. 십자가의 복음과 성결의 복음과 천국 소망의 복음을 지키는 그리스도의 군사가 입을 갑옷은 진리와 의, 평안의 복음, 하나님을 신뢰하는 절대적인 믿음, 구원의 확신, 성령의 검인 하나님의 말씀입니다(엡6:14-17). 그리고 이 하나님의 전신갑주는 하나님의 군사라면 언제나 어디서나 입고 있어야 하는 것입니다.

군인에게 있어서 가장 중요한 것은 복종입니다. 자신의 생각이나 경험과 의견은 중요하지 않습니다. 대장의 명령에 무조건 복종해야 합니다. 그 생각이 상식에 맞지 않고 합리적이지 않다 하더라도, 심지어는 대장의 말을 들으면 죽을 수 있다 하더라도 복종해야 합니다. 대장의 명령은 공동체가 승리하기 위한 명령이기 때문입니다. 그리스도의 군사도 예외는 아닙니다. 대장되신 예수께 무조건 복종해야 합니다. 사탄을 누구보다도 잘 알고 사탄을 이길 수 있는 방법을 가장 정확히 아시는 주님이 하시는 명령이기에 반드시 복종해야만 이길 수 있습니다. 전쟁은 무기와 숫자에 있는 것이 아니라 하나님께 있기 때문입니다.

애굽에서 나온 이스라엘 백성이 약속의 땅 가나안으로 들어가기 위해서는 여리고 성을 점령해야 했습니다. 그 큰 성을 점령하는 것은 불가능한 일이었습니다만 하나님의 백성들은 피 한방울 흘리지 않고 이겼습니다. 어떻게 이겼나요? 최신형 무기나 훈련받은 군사가 있어서가 아닙니다. 상식적으로는 이해가 가지 않는 하나님의 말씀을 받은 여호수아의 명령에 복종했기 때문이었습니다(수6:3-15).

기드온이 사사로서 미디안 사람들의 공격을 이긴 경우도 마찬가지였습니다. 그 상황 역시 이스라엘이 이긴다는 것은 불가능한 현실이었고, 하나님은 오히려 상황을 더 어렵게 만들고 전쟁을 하게 하셨는데도 이스라엘이 승리했습니다.

이스라엘을 공격한 미디안의 군사는 15만 명이 넘었습니다. 그러나 기드온이 나라를 위해 싸우자고 호소했을 때, 32,000명의 사람이 모였습니다. 이들은 이길 것이라는 생각으로 나온 사람들이 아닙니다. 단지 애국 애족의 마음으로 나온 사람들입니다. 그런데 하나님은 이들 가운데 혹 두려운 마음이 있는 사람은 돌아가라고 명령하셨습니다. 어렵게 싸우러 왔는데 마음에 두려움이 있는 사람은 돌아가야 한다고 하기에 두려움이 있었던 22,000명은 돌아갔습니다. 32,000명이 싸워도 질 싸움인데 10,000명의 사람만 남았으니 기가 막히는 일입니다. 그런데 하나님은 시내에서 물을 먹게 한 후에 물먹는 모습에 따라 사람들을 나누시더니 급기야는 손으로 떠먹은 사람 300명만이 미디안 군사와 싸울 것을 명령하신 것입니다. 게다가 납득할 만한 기가 막힌 전략을 주시거나 일당백의 무기를 주신 것도 아닙니다. 300명에게 횃불과 나팔, 항아리를 들고 전쟁에 임하라고 한 것입니다.

그런데 중요한 것은 어느 누구도 기드온을 통한 하나님의 명령에 따지고들거나 자신의 의견을 내지 않았다는 것입니다. 이스라엘 사람들은 모두 말없이 복종했습니다. 300명도 복종을 했고, 미디안과 싸우고 싶지만 허겁지겁 물을 먹었다는 이유로 집으로 돌아가라는 명령을 받은 사람도 복종을 한 것입니다. 물론 그 전에 마음에 두려움이 남아 있는 사람들은 돌아가라고 했을 때 돌아간 사람들도 복종의 사람들이었습니다. 모두가 복종했기 때문에 이스라엘은 미디안을 물리칠 수 있었던 것입니다. 승리는 복종에 있습니다.

하나님은 말씀을 통해서, 특히 주의 종들을 통해서 그리스도의 군사들에게 명령을 하십니다. 복음을 지키기 위한 명령입니다. 간혹

이해가 되지 않고 모두가 망할 것 같은 명령이 있을 것입니다. 그렇지만 따지면 안됩니다. 자신의 생각으로 결과를 추측하면서 불순종하면 안됩니다. 무조건 복종해야 합니다. 그것은 대장되신 주님의 전략이기 때문입니다.

군사의 아름다움이 있다면 전우애(戰友愛)일 것입니다. 동료에 대한 사랑입니다. 죽어도 같이 죽고 살아도 같이 산다는 하나됨의 의식을 말합니다. 상관이 부하를 사랑하는 것은 물론 부하 역시 상관을 내 몸처럼 사랑하는 것입니다. 같은 동료끼리도 마찬가지입니다. 전쟁 영화에서 우리를 감동시키는 장면은 적을 무찌른 승리의 장면이 아닙니다. 진한 전우애를 느끼게 하는 장면입니다. 다 죽어가는 전우 때문에 목숨을 내놓는 장면을 보며 느끼는 감동은 어떤 영웅의 승리 장면과도 바꿀 수 없습니다.

이스라엘이 블레셋과 싸울 때 있었던 감동적인 이야기가 있습니다. 전쟁은 이스라엘이 완전히 밀리고 있었고 급기야는 블레셋 군대가 베들레헴 성을 점령했습니다. 그때 다윗이 고향 베들레헴의 물을 마시고 싶다고 하면서 신세를 한탄했습니다. 그런데 얼마 후에 세 군사가 물을 가지고 와서는 베들레헴의 우물에서 길러 온 것이니 마시라고 하는 것입니다. 다윗은 깜짝 놀랐습니다. 분명 베들레헴은 블레셋에게 점령당했는데, 그 곳 물을 떠왔다고 하니 믿어지지가 않았습니다. 자초지종을 들어봤더니 베들레헴의 물이 마시고 싶다는 다윗의 말을 듣고는 세 명의 군사가 죽음을 무릅쓰고 블레셋 군대를 돌파하여 베들레헴으로 들어가 우물물을 길어 왔다는 것입니다. 그 소리를 들은 다윗은 감격하여 그 물을 생명의 물이라고 하면서 차마 마시지를 못했습니다(대상11:15-19). 이것이 전우애입니다. 그리스도의 군사들은 서로 격려하며 세워주고 칭찬하고 도와주면서 하나의 사명을 감당할 때 사탄을 넉넉히 이길 수가 있는 것입니다.

보배롭고 존귀한 군사는 자신의 삶에 얽매이지 않습니다. 공동체를 위해 생각하고 살아갑니다. 공동체를 위해서라면 고난도 각오한 사람입니다. 그런 삶을 사는 군사들을 보는 주님은 얼마나 기쁘실까요? 자신의 삶에 얽매이지 않아도 됩니다. 군사로 모집한 사령관은 먹을 것과 마실 것, 입을 것과 잘 곳은 물론 삶의 모든 것을 풍성히 공급해 주기 때문입니다. 그러므로 그리스도의 군사된 우리는 염려하지 않아도 되는 것입니다. 군사를 위해 빛나는 훈장이 준비되어 있다는 것을 잊지 마십시오!

02

보배롭고 존귀한 **경주자**입니다

경기하는 자가 법대로 경기하지 아니하면
승리자의 관을 얻지 못할 것이며 딤후 2:5

보배롭고 존귀한 경주자입니다

경기하는 자가 법대로 경기하지 아니하면
승리자의 관을 얻지 못할 것이며 딤후 2:5

하나님의 아들 예수를 구세주로 영접한 사람은 하나님의 자녀입니다. 자녀라는 말에는 '보배롭고 존귀함'이 녹아있습니다. 어떤 자녀가 더 보배로운 자녀이고 더 존귀한 자녀일까 라는 생각은 부질없는 생각입니다. 모두가 보배롭고 존귀한 자녀입니다. 그러나 그리스도인으로 살아가면서 자신과 싸우는 경주자로서의 모습에 있어서는 보배롭고 존귀하게 여겨지는 부분이 따로 있습니다.

경주(競走)는 경주를 다한 후에 있을 상을 목표로 합니다. 올림픽에서는 선수들의 성적에 따라 금메달, 은메달, 동메달을 구분하여 상을 줍니다. 성경은 신앙 생활을 '경주하는 것'으로 소개를 하면서 경주 후에는 상이 있을 것이라고 말씀하고 있습니다. 그러므로 그리스도인은 자신이 경주자임을 인식하고 마지막에는 반드시 상이 있다는 것을 알고 신앙 생활을 해야 합니다.

상이 있습니다

예수께서는 이 땅에서 살고 있는 그리스도인들에게 줄 상이 있다고 말씀하셨습니다(계21:21). 그리스도인은 상 주신다는 그 약속의 말씀을 믿고 사는 사람들입니다(히11:6). 구약의 모세 역시 상 주실 분을 바라보면서 상 받을 것을 꿈꾸면서 살았습니다(히11:26). 바울은 예수 안에서 하나님이 부르신 부름의 상을 위하여 달려간다고 고백하면서(빌3:14) 모든 그리스도인들에게 상을 받도록 달음질하라고 권면했습니다(고전9:24).

하나님은 어떤 사람에게 상을 주시는 것일까요? 세상은 최고에게만 상을 줍니다. 이긴 사람, 즉 남을 누르고 남보다 더 잘한 사람에게 상을 줍니다. 그러나 성경에서 말한 상은 그렇지 않습니다. 남을 누르고 올라가 최고가 된 사람에게 주어지는 것이 아니라 최선을 다한 사람에게 상이 주어지는 것입니다. 그리스도인의 경주의 대상은 자기 속에 있다는 말입니다. 그러므로 '나는 연약해, 나는 머리가 좋지 않아, 상대는 나보다 강하고 탁월해...' 라는 핑계를 댈 수 없는 것입니다. 바울은 분명 달리는 사람이었습니다. 경주자의 모습이 그에게서 나타납니다. 그러나 그는 어떤 사람과 경주한 것이 아닙니다. 그가 이겨야 하는 상대는 자신이었습니다. 바울만이 그런 것이 아니라 모든 그리스도인이 그렇습니다. 우리에게 경주를 하라고 하신 하나님은 자기 자신과 경주하라고 말씀하신 것입니다.

기본이 든든한 경주자

승리하는 경주자는 무엇보다 기본이 든든한 사람이고 평소에도 기본에 충실한 사람입니다. 신앙의 경주를 하는 그리스도인도 기본이 든든하고 기본에 충실해야 합니다.

그리스도인의 기본은 무엇일까요? 하나님을 경외하는 것입니다(전 12:13). 예배드림을 말합니다. 신앙의 경주를 잘한 신앙의 선배들을 보면 무엇보다도 예배 생활이 철저했습니다. 가는 곳마다 예배하는 삶을 살았고 예배를 가장 중요한 것으로 여기면서 살았습니다. 하나님을 알아가는 것과 하나님과 교제하는 것도 신앙 경주자의 기본입니다. 말씀을 알아가고 기도하는 것이 그리스도인의 기본이라는 것입니다. 성도와의 영적인 교제 또한 경주자로서 살아가는 그리스도인의 중요한 기본입니다. 기본이 든든한 사람은 환경이나 상황에 큰 영향을 받지 않습니다. 평안할 때나 고통이 있을 때나, 괴롭힘을 당할 때나 오해를 받을 때나 주변이 어떻게 변한다 하더라도 기본이 든든한 사람은 그다지 크게 영향을 받지 않습니다. 그러므로 기본을 늘 든든하게 해야 합니다. 기본을 든든하게 한다는 것은 계속한다는 것을 말합니다. 기본을 다지는 행위는 바뀌는 것이 아니기 때문입니다. 반복적입니다. 그리고 무엇을 하든지 간에 반드시 한다는 것을 의미합니다. 게다가 기본을 다질 때는 진지하게 해야 합니다.

자기 관리와 한눈 팔지 않음

경주자는 자기 관리를 해야 합니다. 그 관리는 몸이나 실력만 관리하는 게 아닙니다. 인격까지도 잘 관리해야 합니다. 바울은 경주자의 삶을 예로 들어 말하면서 경주에서 '이기기를 다투는 자마다 모든 일에 절제를 한다'고 했습니다(고전9:25). 잠자는 것, 먹고 마시는 것 등 모든 것을 관리합니다. 신앙 생활도 마찬가지입니다. 신앙의 경주자로 상을 바라보면서 사는 그리스도인은 반드시 자기 자신을 잘 관리해야 하는 것입니다. 자기 관리는 자신의 내면에서 무엇인가를 무너뜨리려는 것을 잘 관리해야 하는 것도 있지만 외부로부터 밀려오는 일들도 잘 관리해야 합니다. 사탄은 그리스도인들로 하여금 경주에 실패하도록 무섭게 공격해오기 때문입니다. 게으름으로, 정욕으로, 물질로, 명예와 같은 것으로 공격을 해서 신앙의 경주를 실패하게 하는 것입니다. 그러므로 정신을 바짝 차려서 자기 관리를 잘 해야 할뿐 아니라 사탄의 유혹에도 한눈 팔지 않아야 하는 것입니다.

요셉은 정욕과 쾌락 앞에서 자신을 잘 관리하였을 뿐 아니라 한눈도 팔지 않은 훌륭한 경주자입니다. 보디발의 아내가 그렇게 유혹을 하는데도 단호히 거절하였을 뿐 아니라 아예 유혹의 자리를 피했던 것입니다.

"그 후에 그의 주인의 아내가 요셉에게 눈짓하다가 동침하기를 청하니 요셉이 거절하며 자기 주인의 아내에게 이르되… 내가 어찌 이 큰 악을 행하여 하나님께 죄를 지으리이까… 여인이 날마다 요셉에게 청하였으나 요셉이 듣지 아니하여 동침하지 아니할 뿐더러 함께 있지도 아니하니라"(창39:7-10)

재물로부터 자신을 철저하게 관리하고 재물에 한눈 팔지 않고 신앙의 경주를 멋지게 한 사람이 또 있습니다. 엘리사 선지자입니다. 아람의 군대장관 나아만의 문둥병을 고친 장본인입니다. 그 일로 인해 나아만이 사례를 하려고 했을 때 단호히 거절한 것입니다. 그 이유는 사례를 받는 것이 죄이기 때문이 아니라 자신의 사명을 감당하는 데 걸림돌이 될 것이기에 거절했던 것입니다.

"나아만이 모든 군대와 함께 하나님의 사람에게로 도로 와서 그의 앞에 서서 이르되 내가 이제 이스라엘 외에는 온 천하에 신이 없는 줄을 아나이다 청하건대 당신의 종에게서 예물을 받으소서 하니 이르되 내가 섬기는 여호와께서 살아 계심을 두고 맹세하노니 내가 그 앞에서 받지 아니하리라 하였더라 나아만이 받으라고 강권하되 그가 거절하니라"(왕하5:15-16)

신앙의 경주를 위해 명예를 거절한 사람도 있습니다. 다니엘입니다. 바벨론의 벨사살 왕이 하나님 성전의 기명들을 가지고 잔치를 하던 중에 벽에 해괴한 글씨가 나타났는데 그것을 해석하는 사람에게 예물과 총리 자리를 준다고 한 것입니다. 다니엘은 그 글자가 벨사살 왕의 악행에 따른 하나님의 진노, 즉 바벨론 왕에 대한 하나님의 심판의 글인 것을 알았습니다. 다니엘은 아무리 높은 자리라 하더라도 하나님이 미워하시는 왕이 주는 것은 필요없다고 생각했습니다. 그래서 단호하게 거절한 것입니다. 그는 신앙의 경주를 하는데 신분이나 자리에 한눈을 팔지 않은 것입니다.

"내가 네게 대하여 들은즉 너는 해석을 잘하고 의문을 푼다 하도다 그런즉 이제 네가 이 글을 읽고 그 해석을 내게 알려 주면 네게 자주색 옷을 입히고 금 사슬을 네 목에 걸어 주어 너를 나라의 셋째 통치자로 삼으리라 하니 다니엘이 왕에게 대답하여 이르되 왕의 예물은 왕이 친히 가지시며 왕의 상급은 다른 사람에게 주옵소서 그럴지라도 내가 왕을 위하여 이 글을 읽으며 그 해석을 아뢰리이다"(단5:16-17)

경주자는 경주를 마친 후에 받을 상이 목표이기에 그것을 받기까지는 방해가 되는 것 앞에서 자신을 잘 관리해야 하고 방해가 되는 것에는 한눈도 팔면 안되는 것입니다. 요셉과는 달리 정욕에 한눈을 판 삼손, 엘리사와는 달리 재물에 한눈을 판 발람 선지자, 다니엘과는 달리 자신의 명예에 한눈을 판 사울 왕은 자기 관리를 잘 못하여 결국 상을 받지 못한 이로서 우리에게 귀한 교훈을 줍니다.

규칙!

경기하는 자는 규칙이 얼마나 중요한지를 알고 있습니다. 규칙을 몰랐다는 핑계는 용납되지 않습니다. 규칙대로 하지 않으면 탁월하게 승리를 했더라도 상이 없습니다(딤후2:5). 100m 육상 경기의 세계 신기록(9.58초)을 가진 자마이카 출신의 우사인 볼트가 2011년 대구 세계 육상 선수권 대회에서 규정을 위반하여 뛰어보지도 못했던 안타

까운 일이 있었습니다. 자신은 물론 온 세계가 그의 새로운 기록을 기대하고 있었는데 규정을 어김으로 인하여 모든 것이 물거품이 되는 안타까운 일이었습니다. 그러므로 상을 목표로 경주하는 사람은 무엇보다 규칙이 무엇인지를 알아야 하고 반드시 규칙대로 해야만 합니다. 신앙의 경주도 규칙대로 해야 합니다. 신앙의 경주자를 위한 규칙은 '성경' 입니다. 그러므로 하나님이 정해놓은 규칙이 무엇인지를 공부해야 하고 숙지한 대로 행해야 하는 것입니다.

웃시야 왕은 훌륭한 왕이었습니다. 그런데 제사장만이 성전에서 분향할 수 있다는 하나님의 법을 어기고 자신이 분향하려고 하다가 문둥병자가 되어 비참한 말년을 보냈습니다(대하26:19, 21). 그러나 다윗은 달랐습니다. 그는 사울 왕에게 미움을 받아 죽음을 피해 쫓겨 다녔습니다. 그러다가 엔게디 광야와 십 광야에서 아주 쉽게 사울 왕을 죽일 수 있는 기회를 얻게 되었습니다. 다윗의 부하들은 하나님이 주신 기회라며 사울 왕을 죽이자고 했지만 다윗은 허락하지 않았습니다. 이유는 단순했습니다. 하나님이 기름 부어 세운 왕을 죽이는 것은 하나님이 금하시는 것이기 때문이라는 것입니다. 그는 자신의 처지가 억울하거나 아주 고통스러운 상황에 있었더라도 하나님이 정해놓은 규칙을 벗어나지 않는 삶을 산 것입니다.

감동은 최선에!

일반 올림픽도 사람들에게 많은 감동을 줍니다. 그런데 영혼을 울리고 지워지지 않는 감동은 일반 올림픽이 끝나고 뒤에 이어지는 장애인들의 올림픽에 있습니다. 장애인들은 남을 이기기 위해 운동을 시작하지 않습니다. 자신의 장애를 극복하기 위해 시작했다가 올림픽까지 나오게 된 것입니다. 그들에겐 최선이 전부입니다. 그 최선의 경기를 보면서 사람들은 박수하기도 하고 울기도 하고 상처를 치유받기도 합니다.

그리스도인의 경주도 마찬가지입니다. 그리스도인은 누구를 이기려고 경주하지 않습니다. 일등이 되려고 경주를 하는 게 아닙니다. 자신을 세우기 위해서 경주합니다. 그래서 자신이 할 수 있는 최선을 다합니다. 그런 모습을 보시며 하나님이 감동하시고 그에게 상을 주시는 것입니다.

거룩한 신기록을 세워라!

세상에는 많은 경주가 있고 경주하는 종목마다 기록들이 있습니다. 선수들은 기존의 최고 기록을 깨고 싶어 합니다. 그렇다면 우리들도 신앙의 경주에서 최고의 기록을 남겨 보는 건 어떨까요? 거룩한 기록 말입니다.

마태복음 8장에는 백부장의 믿음이 기록되어 있습니다. 예수님이 감탄할 정도였으니 얼마나 대단한 믿음의 기록인지요! 양보와 포기에 있어서의 기록은 아브람이 가지고 있습니다. 삭개오는 가난한 자를 도운 기록의 소유자입니다. 헌신의 기록을 소유한 자도 있습니다. 주의 종을 세심히 섬긴 기록의 소유자는 수넴 여인입니다. 감사의 기록을 가진 사람은 누굴까요? 자신이 음모에 걸려 죽게 된 것은 알면서도 여전히 하루 세 번씩 기도하며 감사했던 다니엘을 꼽고 싶습니다.

믿음의 신기록_백부장 "예수께서 들으시고 놀랍게 여겨 따르는 자들에게 이르시되 내가 진실로 너희에게 이르노니 이스라엘 중 아무에게서도 이만한 믿음을 보지 못하였노라"(마8:10)

양보와 포기의 신기록_아브람 "네 앞에 온 땅이 있지 아니하냐 나를 떠나가라 네가 좌하면 나는 우하고 네가 우하면 나는 좌하리라"(창13:9)

구제의 신기록_삭개오 "삭개오가 서서 주께 여짜오되 주여 보시옵소서 내 소유의 절반을 가난한 자들에게 주겠사오며"(눅19:8상)

헌신의 신기록_옥합을 깨뜨린 여인 "한 여자가 매우 값진 향유 곧 순전한 나드 한 옥합을 가지고 와서 그 옥합을 깨뜨려 예수의 머리에 부으니... 내가 진실로 너희에게 이르노니 온 천하에 어디서든지 복음이 전파되는 곳에는 이 여자가 행한 일도 말하여 그를 기억하리라 하시니라"(막14:3하, 9)

주의 종 섬기기의 신기록_수넴 여인 "이 사람은 하나님의 거룩한 사람인 줄을 내가 아노니 청하건대 우리가 그를 위하여 작은 방을 담 위에 만들고 침상과 책상과 의자와 촛대를 두사이다 그가 우리에게 이르면 거기에 머물리이다 하였더라"(왕하4:9하-10)

감사의 신기록_다니엘 "다니엘이 이 조서에 왕의 도장이 찍힌 것을 알고도 자기 집에 돌아가서는 윗방에 올라가 예루살렘으로 향한 창문을 열고 전에 하던 대로 하루 세 번씩 무릎을 꿇고 기도하며 그의 하나님께 감사하였더라"(단6:10)

보배롭고 존귀한 경주자

모든 그리스도인은 경주를 하는 사람입니다. 누구를 이기기 위한 경주도 아니고 누구보다 더 앞서기 위한 경주자도 아닙니다. 하나님을 기쁘게 하는 경주자입니다. 우리 신앙의 선배들이 그 경주를 잘하여서 하나님 앞에서 상을 받은 것입니다. 어려운 경주를 잘한 분들입니다. 수많은 유혹들이 있었고 포기하고 싶을 때도 많았었습니다만 예수님을 바라보면서 힘든 경주를 잘 견뎌내어 하나님 앞에서 선 것입니다. 그리고 그분들이 지금 우리의 경주하는 모습을 보고 있습니다. 그들이 우리의 경주하는 모습을 보면서 보배롭고 존귀한 경주자라고 칭찬해 주신다면 얼마나 좋겠습니까? 아니, 일어서서 박수해 주실 만큼 멋진 경주의 삶을 살아갑시다. 당신은 보배롭고 존귀한 경주자입니다.

03

보배롭고 존귀한 **농부**입니다

수고하는 농부가 곡식을 먼저 받는 것이 마땅하니라
내가 말하는 것을 생각해 보라
주께서 범사에 네게 총명을 주시리라 딤후 2:6~7

03

보배롭고 존귀한 **농부**입니다

수고하는 농부가 곡식을 먼저 받는 것이 마땅하니라
내가 말하는 것을 생각해 보라 주께서 범사에 네게 총명을 주시리라 딤후 2:6~7

성경에서는 그리스도인을 농부라고 표현했습니다. 천국에 갈 때까지 무엇인가를 심고 가꾸고 거두는 모습이기를 바라는 마음에서 농부라고 표현한 것 같습니다. 모든 그리스도인이 농부처럼 살아가겠지만 그 가운데는 분명 보배롭고 존귀한 태도의 농부가 있을 것입니다.

무엇을 위한 농부인가

성경은 그리스도인을 무엇인가를 '심는 사람'으로 표현을 하는데 특히 무엇을 위해 심어야 하는지를 말하고 있습니다. 갈라디아서의 말씀을 보면 '자기 육체를 위해 심는 사람'과 '성령을 위해 심는 사람'이 있다고 말합니다(갈6:8). 물론 자기 육체를 위해 심는 사람의 마지막은 썩을 것을 거두는 것이고 성령을 위해 심는 사람의 마지막은 영생을 거두는 것입니다. 그러므로 그리스도인은 자신을 위한 농부처럼 살지 말고 성령을 위한 농부처럼 살아야 합니다.

자신을 위하여 심는 농부는 무엇을 심어 어떤 것을 열매로 맺든지 간에 자신의 명예와 유익, 자신의 영광이길 바라고 자신을 기쁘게 하려고 합니다만 성령을 위해 심는 농부는 무엇을 심어 거두든지 그 열매가 성령께 기쁨이 되고 유익이 되고 영광이 되기를 목표로 합니다. 그러므로 누구를 위해 농사를 짓는 농부인지에 따라 그 수고도 다르고 방법도 다르며 농부로서 일하는 태도도 다르고 열매를 어떻게 사용하는지도 다릅니다.

자기의 육체를 위하여 심는 농부는 죄를 두려워하지 않습니다. 열매도 오직 자기의 쾌락과 자기의 높아짐, 자기의 부유함을 얻으려고 하고 그러한 것을 얻기 위해 수단과 방법을 가리지 않습니다. 음행, 더러운 것, 호색, 우상 숭배, 주술, 원수 맺는 것, 분쟁, 시기, 분냄, 당 짓는 것, 분열, 이단, 투기, 술 취함, 방탕함을 꺼리지 않습니다. 그러나 성령을 위한 농부는 더러운 것을 섞지 않습니다. 죄악된 것이 찾아오면 내쫓습니다. 열매 맺는 그때까지 사랑과 희락, 화평과 오래 참음과 자비와 양선, 충성과 온유와 절제로 지냅니다.

사울과 다윗을 비교해 보는 것이 우리의 이해에 큰 도움을 줍니다. 사울은 모든 삶의 목표를 자신 스스로가 높아지는 데 두고 있으며 그를 위하여 수고하였습니다. 하나님이 명령하신 아말렉과의 전쟁도 자기의 부유함을 이루기 위한 수단으로 이용했습니다(삼상15:9). 자신이 영웅으로 남기 위한 수단으로 전쟁의 승리를 사용하기에 바빴습니다(삼상15:12). 심지어는 하나님께 드리는 제사까지도 자신이 높아지기 위한 수단으로 여겼습니다.

"사울이 이르되 내가 범죄하였을지라도 이제 청하옵나니 내 백성의 장로들 앞과 이스라엘 앞에서 나를 높이사 나와 함께 돌아가서 내가 당신의 하나님 여호와께 경배하게 하소서(삼상15:30)"

그런 그의 생애는 순간순간이 진흙탕 같았고, 그의 삶에서는 썩는 냄새만 났습니다.

그러나 다윗은 그렇지 않았습니다. 그는 하나님을 위한 삶을 살았습니다. 그는 하나님이 높아지시는 것을 원했습니다. 물질도 하나님께 드렸고 자기가 왕이 된 것도 하나님의 은혜라고 고백하면서 영광을 하나님께 돌렸습니다. 그는 무엇이든지 하나님을 위해 심은 사람입니다. 그의 삶 속에는 충만한 평강이 보였습니다. 하나님을 위해 인생을 심으니 그렇게 될 수밖에 없는 것입니다. 그에게는 영생의 충만함이 느껴집니다.

무엇을 심는 농부인가

무엇을 거두었든지 그것은 심은 그대로를 거둔 것입니다(갈6:7). 무엇을 심었는지를 그 열매가 증명하는 것입니다. 속일 수가 없습니다. 독을 뿌리면 독을 거두는 것이고(욥4:8) 바람을 심으면 광풍을 거두는 것입니다(호8:7). 이와 같이 무엇을 심느냐가 미래를 결정하기 때문에 아름다운 미래를 준비하려면 좋은 것을 심어야 합니다.

생명을 위해서는 하나님의 말씀을 심어야 합니다. 마태복음 13장에서는 말씀을 씨앗이라고 하셨습니다. 또한 그 말씀은 태초에 계셨던 하나님이시고 그 하나님이 육신을 입고 이 땅에 오셨습니다(요1:1). 그러므로 말씀을 심는다는 것은 생명이신 예수님을 심는 것입니다. 말씀을 불신자에게 심으면 구원을 얻게 됩니다. 신자에게 심으면 영혼이 강건해지고 소망이 분명해지며 사명에 불타게 됩니다.

말씀을 어디에 심어야 할까요? 우선은 자기 마음에 심어야 하고(마 13:24) 그 다음에는 다른 사람의 마음에 심어야 합니다(마13:3-9). 신앙의 선진들은 말씀을 주야로 묵상했습니다. 말씀의 씨앗을 자신의 마음에 심는 일을 한 것입니다. 그 말씀이 자라서 영적 풍성함을 누린 것입니다. 디모데도 생명이 풍성했는데 그 이유는 그의 외조모 로이스와 어머니 유니게가 디모데의 마음에 말씀을 심었기 때문입니다(딤후3:14-15). 바울 또한 사람들의 마음에 말씀 씨앗을 많이 심었고 그 씨앗이 자라서 사람을 구원하고 성도를 굳세게 하였습니다. 도망친 노예 오네시모가 훗날 훌륭한 감독이 된 것도 바울이 그의 마음에 말씀을 심은 결과였습니다(몬1:10-11).

평안을 위해서는 거룩한 생각을 심어야 합니다. 누군가가 말하길, 생각을 심어 행동을 거두고 행동을 심어 습관을 거두며 심어진 습관은 운명을 거둔다고 했습니다. 불행하게도 하나님이 인간을 보실 때 마음으로 생각하는 모든 계획이 항상 악할 뿐이라고 하셨습니다(창6:5). 우리가 구원을 받았다고 하지만 여전히 육신의 것을 마음에 심는다면 우리의 마음 속에서는 육신의 것이 자랄 테고 결국에는 육신의 것이 인생을 지배하게 될 것입니다.

다윗의 아들 암논은 그 마음에 정욕을 심음으로 인해 그것이 자라 결국은 정욕 때문에 죽임을 당하고 말았습니다. 삼손도 마찬가지였습니다. 다윗도 한번은 정욕을 심었다가 얼마나 비참한 시간을 보냈는지 모릅니다. 발람 선지자는 물질과 명예를 자기 마음에 심었다가 결국 물질과 명예로 망하고 말았습니다. 야곱의 딸 디나 역시 세겜 여자들은 어떻게 살까 하는 호기심으로 마음을 가득 채웠다가 엄청난 불행을 만나게 된 것입니다. 그러므로 평안하기 위해서는 거룩한 생각을 심어야 하는 것입니다. 거룩한 생각은 믿음의 생각입니다. 경건한 생각입니다. 받은 은혜에 대한 감사의 생각입니다. 다른 사람을 칭찬하는 생각입니다. 주님을 사모하는 생각입니다.

거룩한 생각을 심는 것과 더불어 거룩한 말을 심어야 합니다. 성경은 말하기를 하나님은 인간이 하는 말을 들으시고 그대로 행하신다고 했습니다. 그러므로 아름다운 열매를 맺기를 원한다면 아름다운 말을 심어야 합니다. 생각과 마찬가지로 믿음의 말, 경건의 말, 감사의 말, 칭찬과 격려의 말, 사랑의 말을 심어야 하는 것입니다. 다니엘은 자신이 사자굴에 들어가야 한다는 명령을 왕이 내린 것을 알았음에도 불구하고 감사를 심은 사람입니다. 그 심은 감사가 사자들의 입을 봉하게 하여 감사의 실체를 맺게 한 것입니다(단6:10, 22).

주님의 마음과 하늘나라에서의 상급을 바라보면서 선행을 심어야 합니다. 성경은 그리스도인들의 선행을 끊임없이 강조하고 있습니다. 선행의 마지막은 반드시 영광스러운 것이기에 중간에 어려운 일이 있다하더라도 낙심하지 말고 계속 선행을 행할 것을 권면합니다(갈6:9). 선행은 미래에 하나님 앞에 설 때 상을 받게 하는 행위이기도 하지만 이 땅에서도 다시 찾을 수 있는 귀한 일입니다. 전도서의 말씀입니다.

"너는 네 떡을 물 위에 던져라 여러 날 후에 도로 찾으리라 일곱에게나 여덟에게 나눠 줄지어다 무슨 재앙이 땅에 임할는지 네가 알지 못함이니라(전11:1-2)"

사도행전 말씀에 보면 다비다(도르가)라는 그리스도인의 이야기가 있습니다. 이 여인은 선행과 구제하는 일을 많이 한 사람입니다. 그녀의 선행과 구제의 덕을 본 사람들이 많았다는 것입니다. 그런데 그 여인이 병들어 죽었습니다. 이 일로 인해 많은 사람들이 슬퍼하고 애통해 했습니다. 사람이 죽었을 때 하는 의례적인 애곡이 아니었습니다. 그녀가 행했던 선행과 구제가 사람들로 하여금 진실한 애곡을 하게 했던 것입니다. 사람들은 수소문 끝에 죽은 사람도 살렸다는 베드로를 데리고 오게 했습니다. 그리고는 베드로에게 다비다가 행한 선행과 구제의 흔적들을 보이면서 그녀가 다시 살아야 한다고 애원했습니다. 결국 하나님은 베드로를 통해 죽은 다비다를 다시 살리는 놀라운 역사를 일으키셨습니다(행9:36–39). 그녀가 그녀의 삶 속에 선행을 심었던 결과입니다.

열왕기하에 나오는 수넴 여인도 비슷한 경험을 했습니다. 그녀는 엘리사 선지자에게 따뜻한 배려의 마음으로 음식과 잠자리를 베풀며 선행을 심었던 여인입니다. 그 선행은 결국 아이가 없던 그녀에게 아들을 얻게 하는 복을 받게 했습니다.

모압 여인 룻 역시 시어머니에게 효도한 그 선행으로 인해 보아스를 남편으로 얻어 급기야 예수님의 조상이 되는 복을 누렸습니다.

인생을 살면서 선행의 씨앗을 심으십시오. 하나님께서 놀라운 열매를 맺게 하실 것입니다.

부지런한 농부의 밭에는 잡초가 없습니다. 반면에 게으른 농부의 밭에는 잡초가 무성합니다. 잡초가 무성한 밭의 곡식은 병이 들어 있거나 건강하지 않습니다. 어쩌다가 열매를 맺을지도 모르겠지만 부실한 열매를 맺을 뿐입니다. 농부의 부지런함은 곡식의 건강과 열매에 직결되어 있습니다. 부지런한 농부는 미래를 보며 감사로 충만합니다. 하늘을 보며 겸손합니다. 자라는 것을 보면서 사랑합니다.

인생의 농사를 짓는 우리들도 부지런해야 합니다. 부지런한 인생은 잡초가 없고 열매가 풍성하기 때문입니다. 인생 속에 잡초, 즉 복잡한 생각, 염려와 근심, 다른 사람을 향한 원망과 간섭이 없는 삶이 건강한 삶입니다. 현실적이지 않은 공상을 하거나 다른 사람을 의식하며 비교와 의심을 하지 않습니다. 반면에 훗날 있을 영광스러움을 생각하며 감사하고 하나님의 은혜가 끊이지 않기를 겸손히 기도하고 어떤 방해거리도 틈을 타지 못하도록 부지런히 움직입니다.

농부는 서두르지 않습니다. 때가 있다는 것을 알기 때문입니다. 자연의 섭리를 거스르지 않습니다. 하나님이 정해 놓으신 때, 즉 심을 때와 가꾸고 돌볼 때, 익어가는 것을 볼 때와 거둘 때를 알기 때문입니다. 자연의 섭리에 따라 익어가고 자연의 시간에 따라 거두는 것이 올바르다는 것을 아는 것입니다. 빨리 익히거나 빨리 거두려는 생각을 하지 않습니다. 어떤 농부는 빨리 자라게 하려고 바람을 차단하기도 하고 밤에 불을 켜놓으면서 자연을 거스릅니다. 심지어는 해충으로부터 보호하기 위해서 독한 약을 치기도 합니다. 그렇게 해서라도 빨리, 혹은 더 크게 자라게 하려고 합니다. 어떤 사람은 그런 방식으로 농사를 지어놓고 자신은 그 열매를 먹지 않습니다. 먹으면 안되는 농산물이기 때문입니다.

그리스도인은 인생을 농부처럼 살아가는 사람들입니다. 사람들이 먹을 것을 재배하는 사람들입니다. 그러므로 좋은 열매, 사람들을 건강하게 하는 열매를 만들어내야 합니다. 생명을 살리는 열매를 내야 합니다. 만일 농부가 돈을 벌기 위해서 농사를 짓는다면 얼마나 위험하겠습니까? 그러다보면 무서운 편법을 쓰게 됩니다. 잘못된 농작물은 사람을 죽이는 살인의 도구가 되기도 하는데 말입니다.

의인의 열매는 생명 나무라고 했습니다. 지혜로운 사람은 사람을 얻는다는 말입니다(잠11:30). 세상 사람들 모두에게 농부의 모습이 있습니다만 보배롭고 존귀한 농부의 삶을 사는 사람은 많지 않습니다.

하늘의 생명을 가진 우리들은 하나님이 보실 때에 보배롭고 존귀한 농부라는 칭찬을 들어야 하지 않을까요? 그리고 지금 하나님은 당신이 만들어놓은 생명의 열매를 추수할 보배롭고 존귀한 농부를 기다리고 계시답니다.

"이에 제자들에게 이르시되 추수할 것은 많되 일꾼이 적으니 그러므로 추수하는 주인에게 청하여 추수할 일꾼들을 보내 주소서 하라 하시니라"(마9:37-38)

04

보배롭고 존귀한 그릇입니다

큰 집에는 금 그릇과 은 그릇뿐 아니라 나무 그릇과 질그릇도 있어
귀하게 쓰는 것도 있고 천하게 쓰는 것도 있나니
그러므로 누구든지 이런 것에서 자기를 깨끗하게 하면
귀히 쓰는 그릇이 되어 거룩하고 주인의 쓰심에 합당하며
모든 선한 일에 준비함이 되리라 딤후 2:20~21

04

보배롭고 존귀한 그릇입니다

큰 집에는 금 그릇과 은 그릇뿐 아니라 나무 그릇과 질그릇도 있어
귀하게 쓰는 것도 있고 천하게 쓰는 것도 있나니
그러므로 누구든지 이런 것에서 자기를 깨끗하게 하면
귀히 쓰는 그릇이 되어 거룩하고 주인의 쓰심에 합당하며
모든 선한 일에 준비함이 되리라 딤후 2:20~21

성도를 그릇으로 비유한 것은 그 중요성이 쓰임새에 있기 때문입니다. 사람도 어떤 일을 하기 위해서는 그 일에 합당한 일꾼을 선택하여 일을 맡깁니다. 이와 같이 하나님도 거룩하고 위대한 당신의 일을 사람에게 맡길 때에 가장 적합한 일꾼을 찾아서 맡기십니다. 누가 가장 적합한 사람인지를 그릇에 비유하여 말씀하시는 것입니다.

일반적으로 사람들의 그릇에 대한 관심은 '그 그릇이 얼마짜리인가?' 혹은 '어떤 재료로 만들었는가?' 하는 데 있습니다. 실상 그릇은 사용하기 위한 것인데 사람들은 사용하기 위한 것으로 보기보다

는 그릇 자체에만 관심을 갖는다는 말입니다. 그러다보니 그 그릇이 금으로 만들어졌느냐 은으로 만들어졌느냐 혹은 어떤 보석이 박혀 있느냐, 누가 만든 그릇이냐 라는 것에 관심을 둡니다. 아무리 금이나 은으로 만들어지고 다이아몬드가 박힌 그릇이라 하더라도 깨끗하지 않으면 그 그릇에는 아무 것도 담을 수가 없습니다. 그러나 진흙으로 만든 초라한 그릇이고 못생긴 그릇이라 하더라도 바로 사용할 수 있을 정도로 깨끗한 상태라면 무엇인가를 담을 수 있습니다. 그릇의 가치는 어떤 재료로 만들어졌느냐에 달려있는 것이 아니라 무엇이 담겨있느냐에 따라 결정됩니다. 그러므로 귀한 것을 담으려면 그 그릇은 반드시 깨끗해야 합니다.

"자기를 깨끗하게 하면 귀히 쓰는 그릇이 되어"(딤후2:21)

언어가 깨끗해야 합니다

바울은 디모데에게 깨끗한 그릇이 되기 위해서는 아름다운 언어와 진리에 대한 지식, 그리고 확신을 소유해야 한다고 말하고 있습니다. 대부분의 하나님의 일은 언어를 통해 이루어지기 때문입니다.

"말다툼을 하지 말라고 하나님 앞에서 엄히 명하라. 진리의 말씀을 옳게 분별하며, 망령되고 헛된 말을 버리라(딤후2:14-15)"

아무리 옳은 말을 하고 진리를 말한다 하더라도 화를 내며 자기 주장만 한다거나, 상대방과 자꾸 다투려고 하는 사람은 아무 것도 이루지를 못합니다. 사람들은 그런 사람의 말에는 처음부터 마음을 열지 않습니다. 어떤 말도 들으려고 하지 않습니다. 설사 그 사람 말이 옳다고 하더라도 협력하지 않습니다.

그러나 온유한 사람의 말은 그렇지 않습니다. 상대방의 마음을 열게 하고 듣게 하여 변화시킬 수가 있습니다. 그러므로 하나님께 쓰임받을 사람은 말다툼을 하지 않고 온유해야 합니다(딤후2:25하). 그것이 얼마나 중요한지 "엄히 명하라!"하셨습니다(딤후2:14하). 심지어 말다툼을 일삼고 거친 말을 하는 사람은 유익이 전혀 없는 사람이며, 듣는 사람들의 마음을 닫아 도리어 망하게 할뿐이라고 했습니다(딤후2:14하). 하나님의 일꾼은 커녕 하나님의 일에 방해가 되는 사람이라는 말입니다. 그러므로 하나님께 쓰임받을 그릇은 반드시 부드럽고 온유한 언어를 사용하는 사람이어야 합니다.

그 부드럽고 온유한 언어는 진리를 받아들이게 하는 중요한 수단입니다. 그러므로 하나님의 일을 하는 사람은 부드럽고 온유한 언어에 '내용'을 담아야 합니다. 하나님이 맡기신 '진리'를 전달하는 것입니다. 아무리 부드럽고 온유한 언어를 사용한다 하더라도 그 언어에 진리가 담겨있지 않다면 그 사람은 하나님의 일을 하는 일꾼이 아닙니다.

그러므로 하나님께 쓰임받을 사람은 진리가 무엇인지 거짓이 무엇인지를 분별할 수 있도록 배워서 확신한 일에 거해야 하는 것입니다(딤후3:14상). 하나님은 자신에게 담겨지는 것이 진리인지 거짓인지를 구분할 수 있는 그릇을 사용하십니다. 성경을 알면 진리와 거짓을 분별할 능력이 생기기 때문에 성경을 배워야 하는 것입니다. 성경은 하나님이 어떤 분인지를 알려줍니다. 예수님이 왜 오셨는지 어떤 일을 하셨는지 그가 하신 일의 의미가 무엇인지를 알려줍니다. 하나님의 계획도 알려줍니다. 그러므로 성경을 통해 진리를 구분할 수 있는 능력을 갖추는 자가 하나님께 쓰임을 받을 수 있는 것입니다.

하나님께 쓰임받을 그릇의 사람은 망령된 말이나 헛된 말을 하지 않습니다. 잘난 체나, 자기 자랑의 말, 교만의 말, 음란한 말, 조롱의 말이나 비난의 말을 하지 않습니다. 유익하지 않거나 영적인 분위기를 흐리는 말은 하지 않습니다. 그러한 말은 전염성이 있어서 거룩한 공동체의 정체성을 흐리게 하기 때문입니다(딤후2:16-17상).

그들은 오히려 은혜로운 말을 합니다. 부드러운 말, 사랑의 말, 믿음과 격려와 칭찬의 말, 소망의 말과 같은 거룩한 말을 합니다. 그러한 말을 하는 사람이 쓰임받을 수 있는 깨끗한 그릇의 사람입니다.

바나바는 아름다운 언어를 가진 사람이었습니다. 사람들은 그가 하는 말을 통해 위로를 받았고(행4:36), 그의 말을 들으면 두려운 일에 떨고 있다가도 담대해지곤 했습니다.

예수와 예수 믿는 그리스도인을 앞장서서 박해하던 사울이 다메섹 도상에서 예수를 만나 극적으로 모든 것들이 변했지만 예루살렘의 성도들은 그의 회심을 쉽게 믿을 수가 없었습니다. 그래서 그를 경계했고 그들의 모임에는 들어오지도 못하게 했습니다. 그런데 바나바가 나서서 예루살렘 교회 성도들에게 사울의 회심을 설명하였더니 사울을 경계하던 사람들의 마음이 열리고 기꺼이 사울을 형제로 받아들였습니다(행9:26-28). 바나바의 말은 누구에게나 설득력이 있었던 것입니다.

하나님께 쓰임을 받을 사람은 정욕에 치우치지 않아야 합니다.

"너는 청년의 정욕을 피하고(딤후2:22상)"

이는 세상의 것을 사랑하지 않는 사람이며 마음과 생각이 깨끗한 사람입니다. 성경은 하나님의 사람들에게 이 세상이나 이 세상에 있는 것들을 사랑하지 말라고 했습니다. 구체적으로는 육신의 정욕, 안목의 정욕, 이생의 자랑을 생각도 하지 말고 마음에 두지도 말라는 것입니다(요일2:15-16). 이러한 것들이 마음과 생각에 있는 사람은 하나님께 쓰임을 받을 수가 없는 그릇입니다. 하나님께 쓰임을 받는 사람은 마음도 생각도 깨끗한 사람입니다. 물론 그런 사람은 육신도 깨끗합니다.

다윗에 이어 이스라엘의 왕이 될 사람은 장남 암논이었습니다. 그런데 그의 마음과 생각은 육신의 정욕에 붙잡혀 있었고 급기야 정욕에 넘어져서 왕의 자리를 빼앗기고 말았습니다. 그러나 요셉은 그렇지 않았습니다. 보디발의 아내가 적극적으로 유혹을 해도 그는 단호하게 거절을 했고 그래도 계속 유혹하자 그 자리를 피하면서까지 육신의 정욕으로부터 자신을 지켰습니다. 하나님은 그런 그를 통해 위대한 일을 하신 것입니다.

사울 왕은 이생의 자랑에 더럽혀져서 하나님께 쓰임을 받지 못하고 말았습니다. 왕이라는 최고의 권력을 갖고 있음에도 불구하고 오로지 자신의 영예에만 관심을 두고 자신이 높아지는 것에만 마음을 두다가 하나님께 버림을 받았습니다(삼상15:12, 30). 마음과 삶이 세상 것에 오염이 된 사람은 하나님이 쓰시는 그릇이 될 수가 없습니다.

그러나 다니엘은 달랐습니다. 60년 이상 바벨론과 페르시아의 고위 관직에 있으면서도 그는 육신의 정욕이나 안목의 정욕, 이생의 자랑거리로 더럽혀지지 않았습니다. 페르시아의 관리가 그의 전 생애를 뒷조사 했음에도 불구하고 아무 허물도 찾지 못했을 정도였습니다(단6:4). 하나님은 그런 그를 하나님의 일을 하는 귀한 그릇으로 사용하신 것입니다.

하나님께 쓰임을 받을 사람은 깨끗해야 합니다. 그렇다면 더러움을 이기고 깨끗함을 유지할 수 있는 방법은 무엇일까요? 시편 기자는 하나님의 말씀을 마음에 두는 것이 그 방법이라고 말합니다.

"내가 주께 범죄하지 아니하려 하여 주의 말씀을 내 마음에 두었나이다"(시119:11)

또 다른 방법은 하나님의 말씀을 지키는 것입니다(시119:9). 예수는 시험에 들지 않고 악에서 구원해주기를 기도하라고 하셨습니다(마 6:13). 기도하지 않으면 시험에 들 수밖에 없고 더러워질 수밖에 없는 것입니다(마26:41).

깨끗한 사람과 교제해야 합니다

속담에 '친구 따라 강남 간다' 는 말이 있고 성현(聖賢)들의 말에는 유유상종(類類相從)이라는 말이 있습니다. 사람은 사람의 영향을 받게 되어 있다는 말입니다. 그런데 지저분한 것이 깨끗한 것의 영향을 받기보다는 깨끗한 것이 지저분한 것의 영향을 받기가 더 쉽습니다. 그러므로 깨끗해지거나 그 깨끗함을 유지하기 위해서는 깨끗한 사람과 교제하는 것이 중요합니다.

아무리 귀한 그릇이라 하더라도 더러운 그릇 옆에 놓였었다면 선뜻 사용하기가 껄끄러워집니다. 만약 우리가 바로 사용할 그릇이 지저분한 오강 옆에 있었다면 깨끗하게 씻은 후에 사용할 것입니다. 그러므로 우리는 늘 깨끗한 사람을 곁에 두어야 합니다.

"주를 깨끗한 마음으로 부르는 자들과 함께 의와 믿음과 사랑과 화평을 따르라"(딤후 2:22하)

깨끗한 사람들은 의와 믿음을 말하고 사랑과 화평을 추구합니다. 그러므로 그들과 교제를 하면 나도 점차 그렇게 됩니다.

성경에는 좋은 친구를 가진 사람들이 많이 있습니다. 그 대표적인 사람들이 바로 다니엘과 사드락과 메삭과 아벳느고입니다. 이들은 어려서 바벨론의 포로로 끌려갔지만 서로 믿음 안에서 끈끈한 교제를 했습니다. 함께 열심히 공부를 했고(단1:17, 19-20) 어려운 일이 있을 때는 서로 기도하며 중보했던 사이입니다(단2:17). 누군가가 왕에게 상을 받으면 다른 친구까지도 상을 받게 하는 아름다운 우정이었습니다(단2:49). 이들은 함께 깨끗해졌고 그것을 함께 지켜갔던 것입니다. 하나님은 이런 사람들을 당신의 거룩한 일에 사용하셨습니다.

이들만 그런 것은 아닙니다. 다윗과 요나단도 그랬습니다. 하나님을 신뢰하는 가운데 아름다운 말로 서로를 격려하며 위로했고 사랑과 평화를 나누면서 중보했습니다. 반면에 다윗의 장남인 암논은 친구를 잘못 사귐으로 인해 하나님께 쓰임 받을 재목이었는데 결국 버림을 받고 말았습니다. 요나답이라고 하는 심히 간교한 사람과 교제를 했던 것입니다(삼하13:3).

하나님께 쓰임을 받는 것은 무척 영광스러운 일입니다. 그러나 아무나 쓰임을 받는 것은 아닙니다. 훈련을 잘 받는 것도 중요하고 성실한 것도 중요하고 실력도 중요합니다. 하지만 이 모든 것이 다 갖춰졌다 하더라도 깨끗하지 않으면 하나님의 쓰임을 받을 수가 없습니다. 혹 다른 것은 좀 부족하다 하더라도 그릇이 깨끗하다면 하나님은 그 사람을 통해 당신의 일을 하십니다.

보배롭고 존귀한 그릇은 깨끗한 그릇입니다.

05

보배롭고 존귀한 **향기**입니다

우리는 구원 받는 자들에게나 망하는 자들에게나
하나님 앞에서 그리스도의 향기니 고후 2:15

보배롭고 존귀한 향기입니다

우리는 구원 받는 자들에게나 망하는 자들에게나
하나님 앞에서 그리스도의 향기니 고후 2:15

성경은 구원받은 그리스도인을 향기라고 표현합니다. 향기란 좋은 냄새를 의미하는 것이고 사람들에게 영향을 끼친다는 말이며 하나님께도 기쁨을 드린다는 의미입니다. 향기의 반대는 나쁜 냄새, 악취입니다.

우리 몸의 냄새는 우리가 먹는 것으로 인해 만들어집니다. 우리끼리는 잘 모르지만 외국인들은 한국 사람들에게서 마늘 냄새가 난다고 합니다. 우리 민족의 모든 음식에 마늘이 꼭 들어가기 때문이고 그것을 어려서부터 먹어왔기 때문입니다. 인도 사람에게서는 카레 냄새가 나고 멕시코 사람들에게서는 콩 냄새가 납니다. 그 원인은 어려서부터 오랫동안 먹어온 것이 몸에 배었기 때문입니다. 그런데 갓난 아기들에게는 똑같은 냄새가 납니다. 우리나라 아기나 인도 아기나 중국 아기나, 흑인이나 백인이나 어떤 나라의 아기든지 모두 냄새가 같습니다. 그것은 바로 젖 냄새입니다. 그들이 먹은 것이 엄마의 젖뿐이기 때문입니다.

그리스도인이 먹는 양식은 하나님의 말씀입니다. 개인적으로도 말씀을 먹고 주일 예배를 통해 말씀을 함께 먹기도 하고 특별한 성경 공부를 통해서도 말씀을 먹습니다. 그리고 성도의 모든 모임은 언제나 크고 작은 예배로 시작하면서 말씀을 나눕니다. 그러니 그리스도인의 삶 속에서는 말씀의 본질이신 예수 그리스도의 냄새가 나지 않을 수 없는 것입니다. 하나님의 말씀을 오랜 세월 동안 많이 먹은 사람은 냄새가 진합니다. 그러나 아주 적은 양을 가끔 먹어온 사람은 냄새도 약합니다. 세상 사람들은 전혀 하나님의 말씀을 먹지 않습니다. 세상의 것을 먹습니다. 그러니 저들에게서는 세상의 냄새가 나는 것입니다.

때로는 우리가 머물렀던 곳의 냄새가 몸에 배기도 합니다. 생선을 파는 시장에 오래 있다가 오면 몸에서 생선 비릿내가 납니다. 고기를 구워먹고 집에 오면 온몸에서 고기 냄새가 납니다. 한약방에 오래 있다가 오면 한약 냄새가 나고 바다에서 오래 놀다 오면 바다의 짠내가 납니다. 냄새는 그 사람이 어디에 갔다 왔는지를 알려줍니다. 속일 수가 없습니다. 그리스도인이 머무르는 곳은 주님의 품입니다. 그래서 그리스도인에게서는 주님의 냄새가 나기 마련입니다. 반면에 세상 사람들은 세상에 머무르기에 세상 냄새가 날 수밖에 없습니다.

하나님의 말씀을 먹고 주님의 품 안에서 지내는 그리스도인들은 서로에게서 나는 냄새를 잘 모릅니다. 왜냐하면 같은 냄새를 가진 사람들이기 때문입니다. 그러나 우리와 다른 냄새를 가진 세상 사람들은 우리의 냄새를 아주 잘 맡습니다. 물론 우리 역시 우리와 다른 냄새를 가진 세상 사람들의 냄새를 금방 알아차립니다.

그리스도를 아는 냄새

냄새는 스스로 무엇인가를 알리기도 하고 또 그 냄새로 인해 알게 되는 것도 있습니다. 마찬가지로 그리도인에게서 나는 냄새는 그리스도를 알리고 또 그 냄새를 맡는 사람은 그리스도를 알게 되어 있다고 성경은 말합니다(고후2:14). 그리스도인을 통해 부자가 되는 법을 알게 되는 것이 아닙니다. 땅에서 잘되는 법을 알게 되는 것도 아닙니다. 자녀가 출세하거나 결혼을 잘하거나 혹은 좋은 땅과 좋은 집을 사고 세상에서 성공하는 법을 알게 되는 것이 아닙니다. 오직 그리스도를 알게 되는 것입니다. 그리스도인에게서는 예수를 알리는 냄새가 나기 때문입니다.

세상 사람들이 그리스도인에게서 나는 냄새를 통해 예수가 누구인지 알 수 있어야 합니다. 예수는 하나님이 인간을 죄에서 구원하시기 위해 보낸 분임을 알게 되어야 한다는 것입니다(마1:21). 그가 인류의 죄를 지시고 십자가에서 죽으신 분임을 알게 되어야 하고(요1:29) 인간을 의롭다 하시기 위해 죽으신 후 삼일 만에 새 생명으로 다시 살아나신 분임을 알게 되어야 합니다(롬4:25). 예수는 구름타고 하늘로 올라가셔서 하나님 우편에 앉아 계실 뿐 아니라 지금도 우리를 위해 기도하시는 분이시며, 이제 곧 심판주로 다시 오실 분이라는 것도 알게 되어야 하는 것입니다(롬8:34). 만일 그리스도인이면서 그를 통해 그리스도를 알리지 못하고 있다면 그는 이상한(?) 그리스도인입니다. 성경과 역사 속에 나오는 신앙의 선진들은 그들의 냄새를 맡은 모든 사람들로 하여금 예수가 어떤 분인지를 알게 했습니다. 신앙의 선진들에게서 나는 냄새를 통해 예수, 즉 죽으시고 부활하시고 승천하신 후 다시 오실 그 예수님을 알게 된 사람들은 그 예수를 받아들이거나 거부하거나 선택해야 했습니다.

하나님 앞에서의 향기

그리스도인은 세상 사람에게 냄새를 풍기기도 하지만, 하나님 앞에서도 향기를 냅니다. 하나님은 그리스도인이 풍기는 냄새를 좋아하시기에 그 냄새를 향기라고 표현했습니다(고후2:15).

그리스도인은 예배자들입니다. 그런데 하나님은 그 예배를 향기로운 냄새로 받으신다는 것입니다. 구약에서는 소나 양, 새, 혹은 가루를 가지고 번제나 화목제, 소제로 드리는 것을 '여호와께 향기로운 냄새' 라고 표현했습니다(레1:3, 9, 13, 14, 17, 2:1, 2, 3:1, 5, 12, 16…). 신약에서는 영적인 예배, 즉 하나님께 향기로운 냄새가 되는 예배는 우리의 몸을 하나님이 기뻐하시는 거룩한 산 제물로 드리는 것이라고 했습니다. 그러므로 우리의 정성스런 예배는 하나님이 즐거워하시는 향기인 것입니다.

우리 신앙의 선진들은 하나같이 하나님께 향기가 되는 예배를 드린 분들입니다. 인류의 첫 사람인 아담을 비롯하여 신앙의 맥을 이어온 선진들은 모두가 예배의 향기를 올린 사람들이었습니다.

노아는 오랜 홍수로 인해 땅에 사람이라곤 자기 식구 여덟 명밖에 없었지만 방주에서 나오자마자 하나님이 즐거워하시는 향기의 제사를 드렸습니다(창8:20-21).

믿음의 조상 아브라함 역시 가는 곳마다 예배를 드렸습니다(창12:7, 8, 13:18). 그리고 그가 하나님께 드린 가장 진한 예배의 향기는 모리아 산에서 아들 이삭을 제물로 바쳤던 순종의 제사였습니다(창22:1-19).

다윗 또한 진한 향기의 예배자였습니다. 그는 사울에게 쫓기면서도 예배하는 사람이었고 왕궁에 있으면서도 예배하는 사람이었습니다. 그가 향기로 드린 예배 가운데 가장 진한 향기를 낸 예배는 언약궤가 예루살렘으로 들어올 때 그 앞에서 춤을 추면서 드린 예배였습니다(삼하6:12-15).

솔로몬 역시 진한 향기를 올린 예배자였습니다. 어린 나이에 왕이 되어 일천 번의 제사를 드렸을 때 그 향기가 하나님을 감동시켰고, 솔로몬은 무엇이든지 구하라는 하나님의 음성을 들을 수 있었습니다(왕상3:3-14).

하나님 앞에서 또 하나의 향기가 되는 것은 기도입니다.

"향이 가득한 금 대접을 가졌으니 이 향은 성도들의 기도들이라"(계5:8)

진한 향기의 기도는 간절하게 드린 여러 번의 기도입니다. 하나님
께 드리는 성도들의 기도를 천사들이 금향로에 받아 하나님께 올리
고 있다고 하니(계8:3-4) 기도가 얼마나 하나님께 기쁨이 되는지 알
수 있습니다.

성경의 인물들은 모두가 기도의 사람들이었습니다. 아브라함은 끈
질긴 기도의 사람이었습니다(창1:22-33). 그의 아들 이삭도, 그의 손
자 야곱도 기도의 사람이었습니다. 모세도, 한나도, 사무엘도, 다윗
도, 히스기야도 기도의 사람이었습니다. 슬플 때도 기도했고 기쁠
때도 기도했습니다. 전쟁 앞에서도 기도했고 평화로울 때도 기도했
습니다. 배고플 때도 기도했고 배부를 때도 기도했습니다. 두려울
때도 기도했고 형통할 때도 기도했습니다. 성도들의 기도는 하나님
앞에 드려지는 향기였습니다. 그 향기가 하나님을 즐겁게 했고 즐

거움 속의 하나님은 기꺼이 응답하셨던 것입니다.

예루살렘 교회의 지도자 베드로가 헤롯에게 잡혀 감옥에 들어가 손발이 묶인 채로 죽음을 기다리던 밤의 사건을 생각해 보십시오. 모든 성도들은 불안했습니다. 그러나 저들은 한숨만 쉬고 있지 않았습니다. 한마음으로 모여서 간절히 하나님께 기도했습니다. 그 기도의 향기가 하나님께 올려졌고 그 기도의 향기를 맡으신 하나님은 그들의 기도대로 천사를 보내어 베드로를 옥에서 끌어내시는 역사를 한 것입니다(행12:1-11).

또 하나의 향기는 그리스도인의 헌신입니다. 하나님은 아름다운 헌신을 향기로운 냄새로 맡으십니다. 바울이 선교를 할 때 많은 문제들이 있었지만 물질적인 문제 때문에 어려움을 많이 겪었습니다. 그 많은 사람들이 어디에 묵을 것인가, 무엇을 먹을 것인가, 어떻게 이동할 것인가, 배를 어떻게 탈 것인가, 교회를 어떻게 세울 것인가, 어려운 사람들을 어떻게 도울 것인가 등 사역을 하면서 물질이 문제가 될 때가 많았습니다. 물론 아굴라와 브리스가 부부나 루디아 등 많은 헌신자들의 도움을 받았지만 늘 그렇게 채워지지는 않았기 때문입니다.

한번은 선교 도중에 돈이 바닥나버려서 매우 어려운 상황이었을 때, 빌립보 교회에 있던 에바브라디도가 돈을 가지고 방문했습니다. 빌립보 교인들이 돈을 모아 그를 통해 전달한 것입니다. 바울과 선교 팀은 얼마나 고마웠는지 모릅니다. 빌립보 교인들도 어려운 처지임을 아는데 그런 그들이 돈을 모아 보내준 것이 너무도 고마웠던 것입니다. 그래서 그 돈을 보고서는 '하나님이 받으실 만한 향기로운 제물'(빌4:18중)이라고 했습니다. 헌신은 감동을 줍니다. 그리고 그 감동은 향기를 만들어 하나님께 기쁨을 드리는 것입니다. 나사로의 누이동생 마리아가 옥합을 깬 헌신이 그의 집을 향유 냄새로 가득하게 만든 것처럼 주님을 향한 그리스도인의 정성어린 헌신은 하늘나라에 향기로 전달되는 것입니다.

세상이 싫어하고 미워하는 냄새

싫은 냄새가 있습니다. 아니, 정확하게 말하면 미운 냄새입니다. 세상은 그리스도를 풍기는 냄새를 싫어하다 못해 미워합니다. 교회가 교육 사업을 한다고 하거나 빈민구제 사업을 한다고 하거나 혹은 고아나 노인을 위한 복지 사업, 의료 사업과 같은 것을 한다고 하면 좋아합니다. 아무도 싫어하거나 미워하지 않습니다. 그런데 이 모든 것을 하면서 조금이라도 그리스도의 냄새를 풍기면 갑작스럽게 싫어하고 미워합니다. 예수 그리스도에 대하여 날카롭고 민감하게 반응을 합니다. 예수 냄새를 싫어하고 미워하기 때문입니다. 왜 그리도 예수 냄새를 싫어하는지 모르겠습니다. 자신들의 죄를 대신해 십자가에서 저주받아 죽었다고 하는데도 싫어합니다. 하나님 나라에 들어가게 해준다고 해도 그냥 막무가내로 싫어하고 미워합니다. 기독교나 교회에 관련한 사회문제라도 발생하면 기다렸다는듯이 실랄하게 비판하고 기독교인들을 싸잡아서 욕하기도 합니다. 교회가 사회를 대상으로 하는 선한 일들을 싫어하지 않습니다. 그런 일들을 하는 건 좋아하면서 예수 냄새는 풍기지 말라고 합니다. 예수 냄새가 저들에겐 싫고도 미운 냄새이기 때문입니다(행4:2, 17-18, 5:28, 40).

그리스도인은 세상이 그리도 싫어하고 미워하는 그 예수 냄새가 몸에 밴 사람들입니다. 그리스도인들이 가는 곳마다 그 냄새를 풍겼기에 언제나 세상을 요란하게 했고 고요한 세상을 깨우기도 했습니다. 그래서 성도는 그들의 삶에서 나는 예수 냄새 때문에 세상에서 핍박을 당하고 죽임을 당하기도 했던 것입니다. 그런데 그 냄새가 조금씩 세상을 바꾸고 있습니다. 하나님이 기뻐하시는 것은 물론이구요. 예수를 사랑하는 우리는 남은 삶을 살면서 하나님께는 향기로운 냄새, 세상에는 구원의 냄새를 계속 진하게 풍겨내야 합니다.

06

보배롭고 존귀한 **편지**입니다

너희는 우리로 말미암아 나타난 그리스도의 편지니
이는 먹으로 쓴 것이 아니요 오직 살아 계신 하나님의 영으로 쓴 것이며
또 돌판에 쓴 것이 아니요 오직 육의 마음판에 쓴 것이라 고후 3:3

보배롭고 존귀한 편지입니다

너희는 우리로 말미암아 나타난 그리스도의 편지니
이는 먹으로 쓴 것이 아니요 오직 살아 계신 하나님의 영으로 쓴 것이며
또 돌판에 쓴 것이 아니요 오직 육의 마음판에 쓴 것이라 고후 3:3

"편지 왔습니다!"

편지가 도착했다는 소식을 들으면 누가 보낸 편지일까 어떤 내용일
까 궁금해집니다. 손꼽아 기다렸던 편지도 있고 관심이 전혀 가지
않거나 받고 싶지 않았던 편지도 있습니다. 고이고이 간직하고 싶
은 편지가 있고 받는 즉시 쓰레기통에 버리는 편지도 있습니다. 편
지마다 보낸 사람의 의도와 목적이 다르기 때문에 나에게 중요한 편
지가 따로 있는 것입니다.

성경은 성도를 그리스도의 편지라고 말합니다(고후3:3). 예수께서 세상에 알리고 싶어하신 소식을 그들에게 전해주는 존재라는 것입니다. 모든 사람들에게 꼭 필요한 중요한 내용을 담고 있는 편지같은 존재가 바로 그리스도의 성도입니다.

위로와 격려와 칭찬

좋은 편지에는 반가운 인사와 더불어 기분 좋은 말들이 적혀있습니다. 읽을수록 마음이 열리고 기분이 좋아집니다. 편지를 쓴 사람이 고민한 흔적을 볼 수 있습니다. '어떤 말로 위로를 해줄까? 어떻게 칭찬해줄까?' 생각하고 또 생각하고 받는 사람의 마음을 헤아리며 씁니다. 이런 편지를 받은 사람은 글을 통해 보낸 사람의 마음을 느끼면서 위로와 격려를 받게 됩니다. 새 힘을 얻기도 하고, 치유를 경험하기도 하며 새로운 결심을 하기도 합니다.

교회와 성도는 그리스도의 편지입니다. 예수는 사람들에게 위로와 격려를 하고 싶어하십니다. 당신의 백성들을 칭찬하고 싶어하십니다. 그러므로 그리스도의 편지인 성도들은 다른 사람들에게 위로를 주고 그들을 격려하며 또한 그들의 아름다움을 찾아내어 칭찬해주어야 합니다. 어떤 사람이든지 그리스도인인 나를 통해 위로와 격려를 받고 또 칭찬을 받아 더욱 새로워져야 합니다. 성도는 그리스도의 편지이기 때문입니다.

구브로 출생의 레위족 중에 요셉이라는 사람이 있었는데 그는 모든 사람에게 위로와 격려가 되는 사람이었습니다. 남녀, 노소, 빈부를 막론하고 누구든지 그를 만나면 위로와 격려를 받았고 이내 마음이 따뜻해지곤 했습니다. 그래서 사람들은 그를 요셉이라고 부르지 않고 아예 바나바, 위로의 아들 혹은 격려의 아들 Son of Consolation or Son of Encouragement이라고 불렀습니다(행4:36). 사람들의 마음에 위로를 주고 격려가 되었기 때문입니다.

초대 예루살렘 교회는 유대인들의 핍박 때문에 늘 긴장 속에서 지냈습니다. 그 핍박자들 중에 가장 악명 높은 자는 사울이었습니다. 예루살렘 교회 성도들이 사울을 위험한 인물로 경계했던 것은 당연한 일이었습니다. 그런데 어느 날 갑자기 그 사울이 나타나서 자기가 이제는 새로운 그리스도인이 되었다며 교회의 일원으로 받아달라는 것입니다. 얼마 전에 그가 대제사장에게 그리스도인들을 소탕할 공문을 받아 다메섹으로 올라갔다는 소문이 자자했는데 말입니다. 그래서 예루살렘 교회 교인들은 사울의 '말도 안되는 요청'을 거절하였고 사울은 난감한 처지가 되었습니다. 회개하고 새 사람이 되었음에도 불구하고 교회의 일원이 될 수 없었고, 자신의 진심이 받아들여지지 않아 마음에 상처가 되기도 했습니다.

그런데 그때 바나바가 나타나서 예루살렘 교회 성도들에게 바울의 변화를 자세히 설명했고 바울을 교회의 일원으로 받아주도록 부탁했습니다. 그로 인해 바울은 그리스도인들과 어울릴 수 있게 되었고 예루살렘 교회에서 배척받아 상처를 받았던 바울은 큰 위로와 힘을 얻게 되었습니다. 그것이 바나바의 역할이었습니다. 그는 모든 사람에게는 물론 바울에게도 위로Consolation와 격려Encouragement를 주시기 원하시는 그리스도의 편지였습니다(행4:26-28).

욥바에 다비다(도르가)라는 여인이 살았습니다. 그녀 또한 의지할 곳 없이 가난하게 살던 외로운 과부들에게 위로와 격려를 주시고 싶어 하시는 그리스도의 편지로서의 역할을 아주 잘 해냈습니다. 그녀가 위로와 격려의 편지 역할을 얼마나 잘했는지 그녀의 죽음 앞에서 많은 과부들이 그녀가 지어준 속옷과 겉옷을 보이면서 울고 있었던 것입니다(행9:39). 그 동안 그녀에게 받은 위로와 격려에 대한 고마움과 그녀의 죽음에 대한 아쉬움의 애도였습니다. 다비다는 진정 자기의 사람들을 위로하고 격려하시고 싶어하시는 그리스도의 편지였던 것입니다.

편지에 필요한 내용에는 칭찬도 **빼놓을** 수 없습니다. 모든 그리스도인들이 칭찬을 잘하지만 성경에 나오는 칭찬의 명수는 누구일까요? 바울이 아닐까 생각합니다. 그의 서신(書信)에는 언제나 거론되는 누군가를 향한 칭찬이 있습니다. 그런데 그 칭찬의 표현들이 가히 놀라울 정도입니다.

"추천하노니"(롬16:1-2)

"내 목숨을 위하여 자기 목까지도 내놓았나니"(롬16:3-4)

"많이 수고한"(롬16:6)

"그리스도 안에서 인정함을 받는"(롬16:10)

"부족한 것을 채운, 마음을 시원케 한"(고전16:17-18)

"사랑을 받는 형제, 진실한 일꾼"(엡6:21)

"하나님 나라를 위하여 역사하는 자, 나의 위로가 되었느니라"(골4:10-11)

"항상 애써 기도하여"(골4:12)

"사랑을 받는 의사"(골4:14)

"나와 함께 복음을 위하여 수고"(빌2:22, 4:3)

"하나님을 향하는 너희 믿음의 소문이 각처에 퍼졌으므로"(살전1:8)

"주 예수와 및 모든 성도에 대한 네 사랑과 믿음이 있음을 들음이니 이로써 네 믿음의 교제가 우리 가운데 있는 선을 알게 하고 그리스도께 이르도록 역사하느니라 형제여 성도들의 마음이 너로 말미암아 평안함을 얻었으니 내가 너의 사랑으로 많은 기쁨과 위로를 받았노라"(몬1:5-7)

자신이 이런 칭찬을 듣고 있는 주인공이라면 얼마나 위로와 격려가 되겠습니까? 바울은 이런 칭찬을 잘했던 사람입니다. 예수께서는 당신의 백성들을 위로하고 격려하고 싶으실 뿐 아니라 칭찬하고 싶어 하십니다. 우리를 통해서 당신의 사람들에게 칭찬을 전하고 싶으신 것입니다. 그러므로 그리스도의 편지인 성도는 주님의 사람들을 주님의 마음으로 칭찬해야 합니다.

중요한 정보

편지는 위로와 격려, 칭찬을 위해 쓰기도 하지만, 그것으로 끝나는 경우는 많지 않습니다. 뭔가 중요한 말을 하기 위해 펜을 들어 편지를 쓰는 것입니다. 성도를 세상의 편지로 보내신 예수는 분명히 중요한 것을 알리고 싶어 하십니다. 예수가 그리스도인을 통해 세상에 알리시려는 중요한 정보는 무엇일까요? 무엇보다도 죄사함과 구원을 받는 것에 대한 정보입니다. 이는 세상 사람들이 반드시 알아야 하는 것이고 예수께서 반드시 알리시려는 정보입니다. 자신이 인간의 죄를 짊어지고 십자가에서 대신 죽었고 새 생명으로 부활하였음을 믿으면 '오직 그 믿음으로' 죄사함과 구원을 받는다는 '정보' 입니다(롬1:16-17). 그리스도인은 죄사함과 구원을 오직 믿음으로 얻게 된다는 놀라운 정보를 가진 사람들입니다. 그러므로 사람들은 그리스도인을 통해 '구원은 믿음으로 받는 것' 이라는 사실을 알 수 있는 것입니다. 빌립보 감옥을 지키던 간수가 어떻게 하면 구원을 받을 수가 있냐고 물었을 때 바울과 실라는 명확하게 대답해 주었습니다.

"주 예수를 믿으라 그리하면 너와 네 집이 구원을 받으리라"(행16:31)

그리스도의 편지인 성도는 그리스도인들이 세상 속에서 어떤 삶을 살게 될 것인지에 대한 정보를 가지고 있습니다. 그리스도인으로 살 때 고난과 핍박이 있을 것과 그럼에도 불구하고 하나님이 늘 함께 하신다는 정보인 것입니다. 그리스도인을 보면 예수를 구주로 영접했을 때부터 핍박이 시작되고 고난이 계속 따라다니게 된다는 것을 알 수 있습니다. 그러나 그런 고난 속에서도 하나님의 보호하심과 역사하심이 함께 하신다는 것도 알게 됩니다.

예수를 믿기 전의 바울의 삶은 순탄했습니다. 그러나 그가 예수를 구주로 영접하자마자 그에게 핍박이 시작되었고 그와 동시에 하나님의 역사하심이 그를 보호한 것을 알 수 있습니다. 바울만 그런 것이 아닙니다. 베드로의 삶도 그랬습니다. 예수 때문에 핍박을 받더니 급기야는 헤롯에게 체포되어 감옥에 갇혀 죽음을 기다려야 하는 신세가 됩니다. 그러나 베드로를 옥에서 끌어내신 하나님의 역사도 보게 되는 것입니다(행12:1-10).

모든 신앙의 선배들의 삶을 보면서 그리스도인들에겐 반드시 고난이 있고, 그 고난 중에 하나님의 보호하심이 있다는 사실을 발견하게 됩니다. 왜냐하면 그리스도인은 예수께서 알려주고 싶어하시는 내용을 담고 있는 그리스도의 편지이기 때문입니다.

예수는 당신의 편지인 그리스도인들에게 어떤 세상이 다가오고 있는지에 대한 정보도 적어 놓으셨습니다. 예수께서 세상에 알려주시고자 하는 앞으로의 세상은 신앙에 있어서는 극심한 혼란과 미혹의 시대가 될 것(마24:5, 11, 24)이고 국제적으로는 전쟁과 난리로 어수선할 것이며, 기근과 지진 등과 같은 자연 재해로 인해 걷잡을 수 없게 될 것(마24:6-7)입니다. 또한 이스라엘이 회복(마24:32-34)되는듯 하다가 상상할 수 없는 수치를 당하게 되고(마24:15), 세상 모든 사람에게 짐승의 표를 받도록 하는 일(계13:16-18)도 일어날 것입니다. 이 중요한 소식을 전하라고 그리스도인들을 주님의 편지로 부르신 것입니다. 성도들은 예수가 전하고 싶어하는 중요한 정보들을 가지고 있는 주님의 귀한 편지입니다.

설레게 하는 약속

편지의 마무리에 등장하는 약속의 인사는 사람을 설레이게 합니다. 읽는 이로 하여금 눈여겨 보게 하고, 마음을 두며 그 약속을 기다리게 합니다. 예수가 당신의 편지인 성도를 통해 사람들을 설레게 하는 약속은 무엇일까요? 그것은 곧 다시 오실 것이라는 약속과 우리가 당신이 준비하신 천국에서 영원토록 살게 될 것이라는 약속입니다. 그러므로 그리스도의 편지인 성도는 사람들로 하여금 영원히 주님과 함께 살 천국의 약속을 알려주고 그것을 기대하게 해야 합니다.

예수는 자신을 믿으면 죽어서도 살게 될거라고 말씀하셨습니다(요11:25, 26). 죽지 않고 영원히 살게 될거라는 약속입니다. 그런데 어디에서 함께 산다는 것인지요? 천국입니다. 예수는 성도들과 함께 영원히 살 곳을 예비하시는 분입니다. 그분이 처소를 준비하신 후에는 이 땅에 재림(요14:3)하셔서 당신의 백성들을 모아 천국으로 데리고 가서 영원히 살겠다는 놀라운 약속을 하신 것입니다.

주님이 준비하고 계시는 천국은 이리가 어린 양과 함께 살고 표범이 어린 염소와 함께 눕는 곳입니다. 송아지와 어린 사자와 살진 짐승이 함께 있어서 어린 아이에게 이끌리며 암소와 곰이 함께 먹고 사자가 소처럼 풀을 먹고 젖 먹는 어린 아이가 독사의 구멍에서 장난을 치며 젖 뗀 어린 아이가 독사의 굴에 손을 넣는 곳입니다(사11:6-8). 그곳은 하나님이 친히 함께 계시면서 모든 눈물을 닦아 주실 뿐 아니라 사망도 없고 애통하는 것도 없고 곡하는 것이나 아픈 것도 없는 곳입니다(계21:3-4). 그리고 천국은 주님으로부터 상을 받게 될 곳입니다(계22:12). 예수는 당신의 편지인 그리스도인들을 통해 천국을 약속하셨고 사람들은 그리스도의 편지인 성도를 통해서 천국을 배워 설레는 기대감과 희망으로 살게 되는 것입니다.

성도는 그리스도의 편지입니다. 예수는 살아계신 하나님의 영으로 육의 마음판에 당신께서 세상과 교회에 전하고 싶은 놀라운 내용들을 편지인 우리들에게 적어 놓으셨습니다. 그렇기에 그리스도인은 보배롭고 존귀한 존재요 보배롭고 존귀한 편지인 것입니다.

07

보배롭고 존귀한 **성전**입니다

너희는 너희가 하나님의 성전인 것과
하나님의 성령이 너희 안에 계시는 것을 알지 못하느냐 고전 3:16

07

보배롭고 존귀한 **성전**입니다

너희는 너희가 하나님의 성전인 것과
하나님의 성령이 너희 안에 계시는 것을 알지 못하느냐 고전 3:16

'성전' 하면 떠오르는 이미지가 있습니다. 신성하고 거룩한 분위기의 공간에서 사람들이 신께 예배하고 기도하는 모습이 떠오릅니다. 그리스도인을 하나님의 성전이라고 말씀하는 걸 보면 그리스도인들에게 풍겨야 하는 모습이 하나님을 예배하는 모습, 하나님께 기도하는 모습이로구나 하는 생각이 듭니다. 사실 성전은 예배의 장소이고 또한 하나님께서는 성전을 만민이 기도하는 집이라고 말씀 하셨습니다(사56:7). 실제로 성경에 등장하는 하나님의 사람들이 살아가는 모습을 상상해 보면 예배자의 모습, 기도자의 모습이 떠오릅니다. 노아나 아브라함, 사무엘이나 다윗이나 솔로몬이나 히스기야

같은 신앙의 선진들을 떠올려보면 하나같이 엄숙한 예배자의 모습입니다. 광야 회막에서 기도하는 모세의 모습, 실로 성전에서 기도하는 한나와 사무엘의 모습, 엘리야의 기도하는 모습, 야베스가 기도하는 모습 등이 떠오릅니다. 성도를 하나님의 성전으로 말씀하는 이유는 성도가 예배자이며 기도자이기 때문입니다. 바울 사도도 그리스도인들에게 영적인 예배자로 살 것(롬12:1상)과 늘 기도하면서 살 것(살전5:17)을 권면한 것을 보면 그리스도인은 예배와 기도가 풍성한 성전인 것이 분명합니다. 그런데도 우리는 스스로가 성전인 것을 알지 못하고 지낼 때가 얼마나 많은지 모릅니다.

"너희는 너희가 하나님의 성전인 것을 알지 못하느냐?"(고전3:16)
"우리는 살아계신 하나님의 성전이라"(고후6:16)

'성전' 이 갖고 있는 또 하나의 이미지는 하나님의 말씀을 가르치고 배우는 장소라는 것입니다. 하나님의 백성들이 말씀을 배우러 성전에 올라가는 모습, 말씀을 배우고 깨달아서 기쁨으로 충만한 사람들의 모습... 이런 모습들이 성전의 이미지입니다. 미가 선지자는 모든 백성에게 하나님이 당신의 도말씀를 성전에서 가르치실 것이니 성전으로 올라가자고 권면했습니다(미4:2). 그러므로 그리스도인을 하나님의 성전이라고 하는 것은 그리스도인에게 하나님의 말씀이 풍성하다는 것을 의미하는 것입니다.

성령의 내주

성전에는 하나님의 임재가 있습니다. 물론 하나님의 영이 계시지 않는 곳이 있겠냐마는 성경은 특별한 의미로 성전을 하나님의 집, 하나님이 거주하시는 곳이라고 표현합니다. 하나님의 성령이 거하시는 집을 말합니다. 성전에 성령이 계시지 않는다면 그것이 아무리 화려하고 웅장하다 하더라도 결국은 나무나 돌로 지은 하나의 건물에 불과합니다. 그리스도인을 성전이라고 표현했다면 그리스도인 안에는 하나님의 성령이 내주하고 계시다는 것을 의미합니다. 만일 그리스도인 몸에 성령이 내주하지 않으신다면 그리스도인을 하나님의 성전이라고 표현하지 않았을 것입니다.

그리스도인 안에 계시는 성령은 어떤 일을 하시는 것일까요? 그 분은 언제나 성도로 하여금 그가 하나님의 자녀인 것을 증언하십니다 (롬8:16). 왜냐하면 사탄은 십자가로 인한 죄 용서함과 하나님의 자녀 됨의 사건을 의심하게 하고 십자가로부터 떨어져 나가게 힘쓰고 있다는 것을 아시기 때문입니다. 게다가 성령은 세상 속에서 고통

받고 외로운 길을 걸어가는 성도를 위로하시고 힘을 주시며(행9:31), 하나님의 말씀을 생각나게 하여 하나님의 자녀됨을 확신하게 하십니다(요14:26).

그런데 혹시 우리가 그 성령님에 대해 전혀 반응하지 않은 채 살고 있지는 않는지요? 내주하시는 성령을 무시하거나 그분을 종일 혼자 두고 있지는 않는지요? 그리스도인은 자기 안에 거하시는 성령을 존중해야 합니다. 성령을 환영하고 성령을 기뻐해야 합니다. 그 성령과 친숙해져야 하는 것입니다. 하나님의 성령은 하나님의 말씀을 즐거워하십니다. 그리스도인은 그 말씀으로 성령과 교제하며 기도로 대화를 나누는 것입니다. 우리가 이 땅의 나무와 돌로 지은 성전에 들어가서도 그곳에 성령이 계신 것을 알고 말씀과 기도로 시간을 보내는 것처럼, 성전인 그리스도인은 하나님의 말씀과 기도로 내주하시는 성령과 교제하며 은혜를 누리는 것입니다.

또한 성령은 하나님의 백성을 돕고 견고하게 하는 일을 하십니다. 그러므로 내주하고 계신 성령의 말씀에 귀를 기울이고 그분의 말씀을 따라야 하는 것입니다. 성전은 하나님의 말씀을 지키는 곳이기 때문입니다. 바울은 성도들 속에 내주하셔서 말씀하시는 성령을 따라 행할 것을 권면합니다(갈5:16). 성전인 성도 안에 내주하여 말씀하시는 성령의 소리는 애매모호하지 않습니다. 명확하고 단호합니다. 요한일서는 그 성령의 역사를 기름 부으심이라고 표현하며 그분께 순종할 것을 말씀합니다(요일2:27). 왜냐하면 성전은 하나님의 성령을 따르는 역사의 현장이기 때문입니다.

신앙의 선배들은 자신의 의견을 주장하지 않았습니다. 자신이 세운 계획을 절대적인 것으로 고집하지 않았습니다. 하나님이 기뻐하시는 일이라고 생각하여 최선을 다해 계획을 세워 준비했다 하더라도 성령의 다른 지시하심이 감지될 때는 가차없이 자신의 모든 계획을 내려놓고 복종했던 것입니다.

물론 성령의 지시하심이라는 것을 발견할 수 있었던 것은 겸손으로 기도와 말씀의 충만함 안에 거했기 때문입니다. 하나님의 성령은 성도가 당신과 교제하실 때 더 강하게 역사하십니다. 성전으로서의 아름다움이 풍성하기를 원한다면 성령과 충만한 교제를 해야 합니다.

거룩하라

하나님의 성전의 가장 고귀한 모습은 거룩성입니다.

"하나님의 성전은 거룩하니 너희도 그러하니라" (고전3:17)

그리스도인은 모두가 거룩합니다. 십자가의 보혈로 죄를 용서받아 깨끗하게 되었고 그로 인해 그리스도인이 되었으며, 주님의 말씀으로 더욱 깨끗해졌기 때문입니다(요15:3). 그러므로 중요한 것은 거룩한 성전인 자신을 계속 깨끗하게 유지해야 한다는 것입니다. 하나님은 당신의 성전인 그리스도인에게 거룩함이 생명과 같은 것이기에 거룩을 명령하셨던 것입니다(레11:44, 45).

감사한 것은 하나님께서 거룩을 명령하셨을 뿐 아니라 우리를 도우실 것도 약속하셨습니다(레22:9,32). 그러나 성도는 그런 하나님의 약속에만 너무 의존하지 말고 성전인 자신을 거룩하게 하기 위해 최선을 다해야 합니다. 거룩하지 못함의 핑계를 하나님께 두면 안된다는 것입니다. 그러므로 거룩을 힘써 지키십시오. 하나님께서 우리를 부르신 것은 기적을 일으키는 초능력자가 되게 하시려는 것이 아닙니다. 거룩하게 하시기 위함입니다(살전4:7). 그렇기 때문에 거룩을 무시하고 저버리는 것은 성령을 저버리는 것이요 하나님을 저버리는 것입니다(살전4:8). 성전의 위대함은 능력에 있는 것이 아니라 거룩에 있습니다. 그러므로 성전된 우리는 거룩을 명령하신 하나님을 두려워하면서 몸과 영을 깨끗하게 만들어야 합니다(고후7:1). 세상이 죄악으로 관영하더라도 그 속에서 노아처럼 깨끗해야 합니다. 죄악의 유혹이 계속된다 하더라도 요셉처럼 죄를 단호히 거절하고 그 자리를 피하면서까지 거룩을 지켜야 합니다. 솟아나는 탐심과 음란과 미움과 교만의 지저분한 것들을 물리쳐야 합니다. 죄는 모양이라도 버리면서(살전5:22) 거룩을 지켜야 하는 것입니다.

하나님의 성전인 그리스도인을 거룩하게 하시기 위해 하나님은 나실인 제도를 주셨습니다(민6:2-7). 나실인은 성전인 당신의 백성들이 거룩을 지키게 하기 위한 하나님의 도우심입니다. 생각의 깨끗함과 거룩을 위해 포도주와 독주를 마시지 말라고 하셨습니다. 다른 사람으로 하여금 유혹하지 못하게 하려고 삭도를 머리에 대지 말라고 하셨고, 시체를 가까이 하지 말라고 명하여 죄의 근처에도 가지 못하게 하신 것입니다. 왜 이렇게 엄격합니까? 하나님의 성령이 계시는 성전은 거룩해야 하기 때문입니다.

성도가 거룩한 하나님의 성전이라는 말은 타인에게도 적용이 됩니다. 즉 내가 하나님의 거룩한 성전인 것처럼 다른 성도도 거룩한 하나님의 성전인 것입니다. 그렇기 때문에 자신도 거룩해야 하지만 다른 사람의 거룩 또한 지켜줘야 합니다. 만일 내가 하나님의 성전된 나를 더럽히면 하나님으로부터 멸하심을 받을 것이고 그와 마찬가지로 다른 성도를 더럽히면 그 역시 하나님의 성전을 더럽힌 것이므로 하나님께로부터 멸하심을 받을 것(고전3:17)임을 알아야 합니다.

그런 무서운 벌을 받은 사람이 발람 선지자입니다. 그는 하나님의 성전인 이스라엘 사람들을 더럽혔습니다. 이스라엘 사람들을 꾀어 죄를 범하게 했던 것입니다. 그들에게 걸림돌을 놓아 우상의 제물을 먹게 했고 행음하게 했습니다(민31:16, 계2:14). 하나님은 그런 발람을 멸하셨습니다.

하나님의 성령은 거룩하신 분입니다. 거룩하신 분은 거룩한 곳에만 거하실 수 있습니다. 우리의 마음이 더러워진다면 임하셨던 성령은 더 이상 거하시지 못하고 떠나시게 될 것입니다. 성령이 머리를 두실 수 있도록 우리를 거룩한 성전으로 만들어야 합니다. 하나님의 성령이 즐겁고 편히 계실 수 있는 보배롭고 존귀한 하나님의 성전이 되어야 합니다.

08

보배롭고 존귀한 **지체**입니다

너희는 그리스도의 몸이요 지체의 각 부분이라 고전 12:27

08

보배롭고 존귀한 지체입니다

너희는 그리스도의 몸이요 지체의 각 부분이라 고전 12:27

우리나라 성경의 '지체'라는 말이 영어에서는 '부품 part'으로 번역되어 있습니다. 성경은 교회를 그리스도의 몸으로 묘사하면서 예수님을 교회의 머리로, 성도를 몸의 각각의 지체로 표현합니다. 몸의 머리와 지체가 뗄 수 없는 것처럼 예수님과 성도는 뗄 수 없는 관계임을 말하는 것입니다.

하나님께서는 태초에 사람을 창조하셨습니다. 그 창조 작업은 하나님의 일방적인 디자인이었습니다. 머리를 비롯한 모든 지체 부분를 직접 디자인하시고 손으로 빚어 만드신 것처럼, 그리스도의 몸인 교회 역시 하나님이 스스로 디자인하시고 직접 만든 생명체인 것입니다. 몸의 머리는 예수 그리스도로 정하셨습니다. 그리고 나머지 부분은 예수의 생명을 가진 성도들로 정하신 것입니다. 어떤 성도는 귀요, 어떤 성도는 코요, 또 어떤 성도는 팔이고 다리입니다. 보이는 부분은 물론 보이지 않는 부분도 하나님께서 친히 정해주셨습니다.

하나님이 나누신 지체

중요한 것은 하나님이 당신의 계획과 뜻 가운데 지체를 몸의 각 부분으로 나누셨다는 것입니다(고전12:11). 즉 그리스도의 몸으로서의 교회의 모든 지체는 하나님이 세우셨습니다. 어떤 사람은 사도로 세우셨고 어떤 사람은 선지자로 세우셨습니다. 어떤 사람은 복음을 전하는 자로, 어떤 사람은 목사와 교사로 세우셨습니다(엡4:11). 고린도서에서는 그 지체를 좀더 자세하게 묘사합니다. 사도, 선지자, 교사, 능력을 행하는 자, 병 고치는 자, 서로 돕는 자, 다스리는 자, 각종 방언을 말하는 자, 통역하는 자 등으로 구분하기도 합니다(고전12:28-30). 이 모든 것이 하나님이 직접 각각에게 나누어 주신 사명이며 은사입니다. 그리스도의 몸을 구성하시기 위한 창조 작품입니다. 그렇기 때문에 교회의 지체로서의 자신의 모습을 불평해서도 안되고 교만해져서 자랑해도 안되지만 다른 지체를 부러워하거나 무시해서도 안되고 다른 지체에게 무례히 행해서도 안되며 비판해서도 안되는 것입니다. 단지 그리스도의 몸의 한 지체로 세워 주신 은혜에 감사하며, 그 은혜를 주신 하나님께 지체로서의 충성을 다할 뿐입니다.

"내가 나 된 것은 하나님의 은혜로 된 것이니… 맡은 자들에게 구할 것은 충성이니라"(고전15:10, 고전4:2)

같은 것이 없습니다

몸의 모든 부분 지체은 각각 다른 기능을 가지고 있습니다(롬12:4-5). 같은 것이 하나도 없습니다. 하지만 모두 다 꼭 있어야 하는 부분들입니다. 그 다양한 부분들이 잘 조화된 것이 몸입니다. 하나님은 교회의 지체들을 필요에 따라 모두 다르게 나누셨습니다. 그렇기 때문에 각각의 모든 지체가 동일하게 중요합니다. 어떤 것이 더 중요하거나 덜 중요한 것이 아닙니다. 똑같이 중요합니다. 한 지체라도 없으면 그리스도의 몸이 균형을 잃습니다. 한 지체가 약해지면 다른 모든 지체에게 영향을 끼치게 됩니다. 건강과 균형을 위해서는 몸의 지체들이 필요에 따라 각각 달라야 하는 것입니다.

그런데 우리는 종종 다른 것을 틀린 것이라고 생각하곤 합니다. 다른 것은 다양성을 가지고 있다는 것이고 그 다양성이 조화를 이루어 온전한 몸이 되는 것인데, 틀린 것은 조화를 이룰 수도 없고 온전한 몸이 될 수도 없습니다. 다른 것이라 생각하면 조화를 위해 기꺼이 양보하고 스스로를 낮출 수 있습니다. 그러나 틀린 것이라고 생각하면 나를 주장하고 다른 지체를 무시하게 됩니다. 그러다가 결국 불구의 모습이 되는 것입니다. 다른 지체를 틀렸다고 생각하지 마십시오. 나와 다른 역할을 하는 다른 부분일 뿐입니다.

다른 역할을 하는 다른 지체임을 알면 자신의 역할에 충실하게 될 뿐 아니라 다른 지체도 그 기능을 잘 감당하도록 돌보고 협력하며 존중하게 됩니다. 각각의 지체는 서로 연결되어 사랑 속에서 도움을 주고 받을 때에 몸을 더욱 건강하게 유지할 수 있습니다(엡4:16). 바울은 빌립보 교회에 편지를 하면서 지체들은 같은 사랑을 가지고 뜻을 합하여 한 마음으로 역할을 감당해야 한다고 권면합니다. 결코 다툼이 있어서는 안되며 자신을 나타내기 위한 허영으로 하지 말고 오히려 다른 지체를 자기보다 낮게 여겨야 한다고 말했습니다. 자기 일에 충실할 뿐 아니라 다른 사람의 일까지도 신경을 써서 돌봐야 한다고 권면합니다(빌2:2-4). 그래야만 몸에 균형이 잡혀 건강하게 자랄 수 있기 때문입니다.

보이는 것만 지체가 아닙니다. 보이지 않는 지체도 있습니다. 사람들은 보이는 부분에 더 신경을 씁니다만 사실은 보이지 않는 지체들이 더욱 중요합니다. 심장이나 위, 간이나 콩팥, 대장과 소장, 혈관 등등은 정말 중요한 지체들입니다. 늘 나타나 보이는 지체들보다도 보이지 않기 때문에 신경 쓰지 않는 이러한 지체들이 생명과 직결이 되는, 정말 없어서는 안되고 약해져서도 안되는 중요한 지체들입니다. 그러므로 자신만 중요하다고 해서는 안되고 다른 지체를 존귀히 여기면서 사랑하고 협력하고 돌봐야 하는 것입니다.

그리스도의 몸인 교회에는 많은 지체들이 움직이고 있습니다. 어떤 사람은 목사로, 어떤 사람은 교사로, 어떤 사람은 주방에서, 또 어떤 사람은 주차장에서 역할을 담당합니다. 어떤 사람은 운전을 하면서, 어떤 사람은 안내를 하면서, 어떤 사람은 병원에 있는 환자를 돌보면서 역할을 담당합니다. 그런데 도대체 어디서 무슨 역할을 하는지 아무도 모르는 사람이 있습니다. 그러나 그런 사람에게도 하나님이 주신 지체로서의 역할이 있는 것입니다. 어쩌면 그 역할이 우리 몸 속의 보이지 않는 실핏줄들처럼 다른 지체들에게 활력을 불어넣어주는 아주 중요한 역할일지도 모릅니다.

모든 지체는 스스로 움직이는 것이 아니라 머리의 지시를 받고 움직입니다. 만일 몸의 지체가 머리의 지시를 받지 못한다면 그 지체는 장애가 있는 불구입니다. 아무리 멋지게 생기고 단단한 지체라 하더라도 머리의 지시를 따르지 않는다면 그 몸에 필요없는 지체인 것입니다. 오히려 몸을 불편하게 만들고 병들게 만듭니다.

그러므로 지체는 머리의 지시를 받되 거의 자동적으로 머리의 지시를 받아야 합니다. 그런 지체가 건강한 지체이고, 또한 건강한 몸을 이룰 수 있는 것입니다. 그리스도인들은 머리되신 예수님의 지시에 민첩하게 반응해야 합니다. 아니 거의 자동적으로 머리의 지시를 받아 자동적으로 반응해야 합니다. 그런 그리스도인이 건강한 지체요, 그리스도의 몸을 온전케하는 지체입니다.

그리스도의 몸은 하나님의 영광을 위해 존재합니다. 머리되신 예수님은 하나님의 영광을 위한 것을 지시하십니다. 그리고 지체들이 그 명령에 순종할 때 몸의 존재 목적대로 하나님의 영광을 드러내게 되는 것입니다. 그러므로 성경은 그리스도의 몸의 지체된 성도들에게 무엇을 먹든지 무엇을 마시든지 무엇을 하든지 다 하나님의 영광을 위하여 하라고 말씀하는 것입니다(고전10:31).

그리스도의 몸의 한 부분으로서의 지체가 늘 똑같이 그 역할만 하는 것은 아닙니다. 주어진 일이 있기는 하지만 그 맡겨진 역할을 충성스럽게 할 때 하나님은 그에게 더 크고 더 많은 일을 맡기십니다.

"작은 일에 충성하였으매 내가 많은 것으로 네게 맡기리니"(마25:21)

09

보배롭고 존귀한 **신부**입니다

내 누이, 내 신부야 네 사랑이 어찌 그리 아름다운지 네 사랑은
포도주보다 진하고 네 기름의 향기는 각양 향품보다 향기롭구나 아 4:10

보배롭고 존귀한 신부입니다

내 누이, 내 신부야 네 사랑이 어찌 그리 아름다운지 네 사랑은
포도주보다 진하고 네 기름의 향기는 각양 향품보다 향기롭구나 아 4:10

하나님은 그의 백성들에게 자신을 소개할 때 남편이라고 소개하셨
습니다(호2:16, 사54:5, 렘3:14상). 그 말을 거꾸로 하면 성도는 주님의 아
내, 혹은 신부라는 말입니다. 특히 아가서는 하나님 자신을 남편과
신랑으로, 성도를 아내와 신부로 묘사한 대표적인 책입니다. 신랑
과 신부의 관계처럼 뜨거운 사랑의 관계임을 뜻하는 것입니다. 생
명을 내놓는 사랑의 관계를 말합니다.

순결과 절개

신부에게 있어서 가장 중요한 것은 순결함과 절개입니다. 신부라는

단어는 순결이 전제된 용어입니다. 그렇기 때문에 '신부'란 단어를 들으면 '순결함'이 저절로 떠오르는 것입니다. 만일 신부에게 순결이 없다면 그때부터 '신부'라는 용어는 그 가치를 잃어버린 죽은 단어인 것입니다. 신부가 사랑하는 신랑에게 줄 수 있는 최고의 선물, 또한 신랑이 사랑하는 신부에게 받고 싶어하는 최고의 선물은 다른 것이 아니라 '순결'인 것입니다. 그렇기 때문에 신부에겐 순결이 무척 중요합니다.

순결만 중요한 것은 아닙니다. 사랑하는 신랑을 향해 '절개'를 지키는 것 또한 순결 못지 않게 중요합니다. 사랑하는 사람을 위해 절개를 지키다가 목숨을 잃는다 하더라도 그것이 신부의 신부됨을 지키는 것이기 때문입니다.

성경은 그리스도인과 교회를 신부라고 표현합니다. 구약에서는 그리스도인을 하나님의 아내, 하나님의 신부라고 말을 하고 신약에서는 그리스도인을 그리스도의 신부라고 말합니다. 그렇기 때문에 그리스도인들은 순결과 절개를 절대적으로 갖춰야 합니다. 그것이 신랑이신 주님이 원하는, 그리고 신부인 우리가 주님께 드려야 할 최고의 가치이기 때문입니다.

신랑되신 주님께 드릴 순결과 절개는 영적인 것과 혼적인 것과 육체적인 것 모두를 말합니다. 성경은 그것을 거룩함이라고 표현하였고 주님은 우리에게 거룩하라고 명령하셨습니다. 우선은 영적 순결과 절개를 지켜야 합니다. 오직 하나의 신(神), 여호와 하나님만을 사랑해야 하는 것을 말합니다. 유혹이 있고 위험이 있고 협박이 있다 하더라도 여호와 하나님만을 사랑하고 섬기는 것이 영적 순결과 절개를 지키는 것입니다.

광야를 지나던 이스라엘 백성들은 더럽혀졌었습니다. 금으로 송아지 우상을 만들어 섬기며 순결과 절개를 잃어버렸던 것입니다. 가나안 땅에 들어간 광야 시대의 후손들도 주변 부족들의 신들을 섬기면서 자신을 더럽혔고, 왕들이 다스릴 때의 백성들도 그들의 조상들과 같이 우상을 섬기면서 스스로를 더럽혔습니다.

그러나 소수의 성도는 유혹과 위협 앞에서도 영적 순결과 절개를 지켰습니다. 이스라엘의 아합 왕 시대에 살았던 사르밧 과부가 그런 사람입니다. 그는 우상 숭배의 본부인 시돈 땅의 작은 마을 사르밧에서 살았음에도 불구하고 여전히 일편단심 여호와 하나님만을 섬겼던 것입니다. 죽을 각오를 하고 영적 순결을 지킨 여인입니다. 같은 시대에 아합 왕의 대신이었던 오바댜도 영적 순결을 지킨 훌륭한 사람입니다. 자신이 모시는 아합왕과 이세벨 왕비가 바알과 아세라를 적극적으로 섬기며 여호와 신앙을 가진 사람들을 죽였지만 그런 상황 속에서도 오바댜는 지혜를 짜내어 영적인 순결과 절개를 지킨 사람입니다.

우리도 영적 순결을 지켜야 합니다. 보이지 않는 하나님 대신에 눈에 보이는 다른 것들을 더 사랑하고 섬기게 되는 시대에 살고 있습니다만 우리는 주님의 신부로서 주님만을 사랑하고 섬기는 영적 순결과 절개를 지켜야 합니다.

영적인 순결과 절개만 지키는 것이 아닙니다. 그리스도의 신부는 마음과 육체의 순결과 절개도 똑같이 지켜야 합니다. 다니엘은 영혼은 물론 마음과 육체의 순결을 지키기 위해서도 몸부림을 쳤던 성도입니다. 그는 포로로 끌려가서 운 좋게도(?) 바벨론 왕실 학교에 입학을 하였습니다. 그곳에서 최고의 음식을 먹고 최고의 포도주를 마시면서 편안한 삶을 살게 되었습니다만 그는 바벨론 제국이 주는 음식을 정중히 거부했습니다. 그들이 주는 음식과 포도주는 하나님의 백성의 몸을 더럽히는 것이라고 생각했기 때문입니다. 그에게는 편리함과 출세보다도 하나님이 중요했습니다. 하나님의 신부로서의 순결과 절개가 중요했던 것입니다. 아니, 비교할 가치조차 없는 것들이었습니다.

그의 절친한 친구인 사드락과 메삭과 아벳느고도 마찬가지였습니다. 그들 또한 다니엘과 함께 왕실학교에서 공부하여 어린 나이에 관직에 올라 출세의 문이 열린 상태였습니다. 그런데 느부갓네살의 신상 앞에 절을 하라는 명령을 받은 것입니다. 만일 절을 하지 않으면 풀무불에 던져질 위기에 처했습니다. 그러나 이 세 청년은 조금도 주저하지 않았습니다. 우선은 신랑이신 하나님이 구원해주실 것을 의심하지 않았고, 혹 풀무에서 구원받지 못한다 하더라도 신랑을 향한 절개를 접지 않겠다고 결단한 것입니다. 그리고는 풀무로 당당히 들어갔습니다. 신랑되신 하나님을 향한 절개를 지켜냈습니다.

아름다운 상사병

사랑하는 사람 때문에 걸린 병을 상사병(相思病)이라고 합니다. 그것은 아름다운 병입니다. 인생을 살면서 상사병 한번 앓아보지 못하고 생을 마감한다면 그 또한 아쉬운 삶이 아닐까 생각합니다. 그런데 아가서에 등장하는 신부는 신랑을 너무 사랑하기에 병에 걸렸다고 합니다(아2:5하). 그리고 친구들에게 말하길 자신의 신랑을 만나면 자기가 신랑을 사모하기에 병에 걸렸다고 전해달라고 부탁을 합니다(아5:8). 사랑에 빠져 병든 사람도 아름다운 사람이요. 상사병에 걸릴 만큼 자신을 사랑하는 신부가 있는 사람 역시 행복한 사람입니다. 우리는 그리스도의 신부입니다. 신랑이신 주님을 향한 사랑으로 인해 병들었는지요? 주님은 당신을 향한 사랑 때문에 병든 성도로 인해 행복하길 원하십니다.

예수께서 세상에 오시기 전에, 오랫동안 앞으로 오실 메시야에 대한 예언이 있었습니다. 그리고 그 소식을 들은 많은 사람들은 그분이 오시기를 기다리면서 살았습니다. 예수께서 오시기 직전에도 그런 사람들이 있었습니다.

그 중에 대표적인 사람이 안나 할머니입니다. 그녀는 어려서 결혼을 했지만 남편과는 겨우 7년밖에 살지 못했습니다. 남편이 죽었기 때문입니다. 그리고는 84년 동안 과부로 지냅니다. 그런데 그 긴 기간을 오직 약속받은 신랑, 메시야를 사모하면서 지낸 것입니다. 그러다가 정말로 세상에 오신 예수님을 만난 것입니다. 신랑으로 충만했던 신부입니다.

신랑으로 충만하면 신랑의 아름다움이 떠오르고 그 아름다움만 생각나며 그 아름다움으로 인해 기뻐하고 그것을 자랑하고 싶어합니다. 아가서의 신부가 한 노래입니다.

"내 사랑하는 자는 희고도 붉어 많은 사람 가운데에 뛰어나구나 머리는 순금 같고 머리털은 고불고불하고 까마귀 같이 검구나 눈은 시냇가의 비둘기 같은데 우유로 씻은 듯하고 아름답게도 박혔구나 뺨은 향기로운 꽃밭 같고 향기로운 풀언덕과도 같고 입술은 백합화 같고 몰약의 즙이 뚝뚝 떨어지는구나 손은 황옥을 물린 황금 노리개 같고 몸은 아로새긴 상아에 청옥을 입힌 듯하구나 다리는 순금 받침에 세운 화반석 기둥 같고 생김새는 레바논 같으며 백향목처럼 보기 좋고 입은 심히 달콤하니 그 전체가 사랑스럽구나"(아5:10-16상)

이 얼마나 아름다운 노래인지요! 신랑의 모든 것이 아름답게 보이고 느껴져서 그것을 자랑하고 싶어하는 신부의 마음이 느껴지는 구절입니다. 안나 할머니도 그랬습니다.

"모든 사람에게 그에 대하여 말하니라"(눅2:38하)

바울도 그 마음이 신랑되신 예수로 충만한 사람이었습니다. 그에게는 늘 신랑을 자랑하고 싶은 마음으로 충만했고 또 그렇게 자랑을 하고 다녔습니다.

"예수는 하나님으로부터 나와서 우리에게 지혜와 의로움과 거룩함과 구원함이 되셨으니"(고전1:30하)

신부는 신랑을 생각하면서 아름답게 단장합니다. 언제 갑자기 만난다 하더라도 자신의 아름다움으로 신랑을 기쁘게 하고 싶기 때문입니다. 늘 행복한 긴장 속에 사는 것입니다. 예수님을 신랑으로 고백하는 성도들의 삶이 그렇습니다. 늘 거룩한 긴장 속에 삽니다. 언제 만날지 모르는 신랑을 위해 깨어 있습니다. 아니, 신랑이 항상 옆에 있는 것처럼 단장하고 삽니다. 세상 사람들처럼 머리를 꾸민다거나 금팔지를 하거나 멋진 옷을 입고 예쁘게 화장을 하면서 단장하는 것이 아닙니다. 예수님의 신부된 그리스도인들은 마음을 단장하고 영을 깨끗하게 하는 사람들입니다.

특히 베드로 사도는 온유한 마음과 안정한 심령이 신랑이신 예수님을 기쁘게 하는 값진 단장이라고 가르치고 있습니다(벧전3:3~4). 또한 그리스도의 신부는 언제나 방탕하지 않습니다. 술 취하지 않고 음란하지도 호색하지도 않습니다. 형제들과 다투거나 시기하지도 않습니다. 육신의 일을 도모하지 않고 오직 그리스도로 옷 입고 사는 사람들입니다(롬13:12하~14). 신랑을 그리워하고 사모하기 때문입니다.

예수께서 신부된 성도들에게 내가 진실로 속히 갈 것이라고 말씀을 하셨을 때 신부된 성도들은 감격하며 대답했습니다.

"아멘, 주 예수여 오시옵소서!"(계22:20)

우리도 예수님을 신랑으로 고백하고 사는 신부들입니다. 그분 만날 날이 임하기를 간절히 기다리면서 그분을 사모하며 사는 사람들인 것입니다(벧후3:12).

자랑스러운 신부

성경에는 신랑의 인생을 망친 여인들의 이야기도 있고, 신랑의 자랑거리가 된 여인들의 이야기도 있습니다. 신랑의 인생을 망친 대표적인 여인을 꼽는다면 아담의 아내였던 하와, 아합 왕의 아내였던 이세벨, 아하수에르 왕의 아내였던 와스디 같은 여인일 것입니다. 반면에 신랑의 자랑거리가 되었던 여인들은 모세의 아내인 십보라, 열왕기하에 등장하는 수넴여인과 욥의 아내를 꼽을 수 있습니다.

모세의 아내였던 십보라는 하나님이 모세를 죽이려 하셨을 때 그 원인이 아들의 포피를 베지 않았다는 것 때문인 줄 알고 즉각적으로 아들의 포피를 벰으로 하나님의 진노를 가라앉히고 남편을 살게 한 지혜로운 여인입니다. 수넴 여인은 매사에 남편을 존중히 여기면서 가정을 남편의 영적인 권위 아래 두었던 현명한 여인이었고 욥의 아내는 남편이 절망 가운데 있음에도 불구하고 끝까지 옆에서 함께 해준 따뜻한 여인이었습니다. 물론 욥의 아내는 욥이 고통을 당하는 초기에 몹쓸 말을 하기는 했지만 그렇다고 남편을 떠난 것은 아니었습니다. 단지 극한 고통 속에 있는 남편이 안스러워 남편의 입장에서 그런 말을 했던 것뿐이고 모든 것을 잃은 채 희망 없이 살던 남편 옆에 끝까지 있어준 고마운 여인이었던 것입니다. 욥은 욥기 19장에서 그의 아내가 옆에 있었음을 암시하고 있습니다 모두 남편들이 자랑하고 싶어하는 존귀한 아내요 신부들이었습니다.

그리스도인은 주님의 신부들입니다. 신랑이 자랑하고 싶고 칭찬하고 싶은 신부가 되어야 하지 않을까요? 하나님이 하늘나라에서 천사와 심지어는 사탄 앞에서까지 욥을 자랑하고 칭찬을 했던 것처럼 (욥1:8), 예수께서 로마의 백부장을 이스라엘 사람 중에서도 찾아볼 수 없는 믿음을 지닌 사람이라고 칭찬했던 것처럼(마8:10), 마리아가 자신의 옥합을 깨어 주님께 헌신한 것을 주님이 칭찬했던 것처럼(막 14:9), 우리도 신랑 되신 예수님이 자랑하고 싶고 칭찬하고 싶어하시는 그런 신부가 되어야 하지 않을까요?

마지막으로, 우리의 신랑 되신 주님이 신부인 우리에게 바라는 것이 또 한 가지 있습니다. 여호와를 경외하는 것, 바로 그것입니다. 고운 것도 거짓되고 아름다운 것도 헛되나 오직 여호와를 경외하는 신부는 칭찬을 받을 것이기 때문입니다(잠31:30).

10

보배롭고 존귀한 증인입니다

이 예수를 하나님이 살리신지라 우리가 다 이 일에 증인이로다 행 2:32

10

보배롭고 존귀한 증인입니다

이 예수를 하나님이 살리신지라 우리가 다 이 일에 증인이로다 행 2:32

하나님은 자신을 알리기 위해 이스라엘 백성들을 증인으로 삼으셨습니다. 당신을 그들에게 알리셨고, 인간의 구원을 위해 당신이 어떤 일을 하셨는지를 보여 주면서 당신의 증인이 되어줄 것을 부탁하셨습니다(사43:10, 12). 하나님께서 천지를 창조하신 것에 대한 증인, 역사를 주관하시는 하나님에 대한 증인, 또는 인간을 사랑하시는 하나님에 대한 증인이 되길 원하셨습니다. 물론 그밖의 여러 부분에서 증인이 되길 바라십니다. 예수께서 승천하신 후 성령을 보내시면서도 성령을 받아서 증인이 되라고 말씀하셨으니 얼마나 당신의 백성들이 당신의 증인으로 살기를 원하시는지 알 수 있습니다. 신앙의 선진들은 모두가 하나님의 증인들이었습니다. 그리고 우리는 그 증인들에게 둘러싸여(히12:1) 증인으로서의 맥을 이어가고 있는 것입니다.

보고 들은 것을 말하는 사람

증인이라는 말은 법적인 용어입니다. 법정 앞에 섰을 때 증인이 할 수 있는 말은 자신의 느낌이나 생각, 개인적인 의견이 아닙니다. 자신의 귀로 들은 그대로와 자신의 눈으로 본 그대로만을 말해야 하는 것입니다. 그가 아무리 도덕적인 사람이고 지식이 풍부한 사람이고 돈이 많은 사람이고 큰 권력을 가진 사람이라 하더라도 증인으로 나섰을 때는 보고 들은 것만을 정확하게 말해야 합니다. 그가 아무리 훌륭한 생각과 논리적인 생각 혹은 합리적인 생각을 가지고 있다하더라도 자신의 생각은 말할 필요도 없고 말해도 안 되는 것이며 법정에서는 그런 것들을 말할 기회를 주지도 않습니다.

반면에 증인은 가난해도 괜찮습니다. 배우지 못했어도 괜찮고 병든 사람이라도 상관없으며 나이도, 외모도 상관없습니다. 증인은 보고 들은 것만 말하면 되기 때문입니다. 우리가 그리스도의 증인이라면 사람들에게 내 생각과 의견을 말하는 것이 아니라 보고 들은 것만을 말해야 한다는 것입니다.

이스라엘의 여호람 왕 때 엘리사 선지자가 활동을 하고 있었습니다. 그때 아람 나라가 이스라엘의 사마리아 성을 침공한 적이 있습니다. 저들의 침략은 잔인했고 무서웠습니다. 이스라엘 사마리아는 결국 아람 군인들에 의해 완전히 포위되었습니다. 성의 사람들이 출입을 하지 못하니 먹을 것이 공급되지 못했습니다. 성 사람들이 꼼짝 없이 굶어 죽게 된 것입니다.

그런데 하나님이 엘리사의 기도를 들으시고 사마리아 성을 둘러싸고 있던 아람 군사들로 하여금 애굽의 대군이 이스라엘을 도우러 온다는 헛소문을 듣게 하시므로 밤에 줄행랑을 치게 만드셨습니다. 그러나 사마리아 성의 사람들은 이런 일이 일어난 것을 모르고 마냥 배가 고픈 채로 굶어 죽어가고 있었습니다. 성의 사람들만 그런 것이 아니라 주변에 있던 나병환자들도 마찬가지였습니다.

그러다가 나병환자 네 명이 서로 말하기를 어차피 죽게 될 것, 굶어 죽으나 나병으로 죽으나 혹은 아람 군사들의 틈을 타, 그 진영으로 들어가 음식을 훔쳐 먹다 죽으나 죽기는 마찬가지인데 기왕이면 먹을 것을 먹다가 죽는 게 낫겠다는 것입니다. 그들은 서로 뜻을 모았습니다. 그리고는 음식을 도둑질해서 먹기 위해 아람 군대 속으로

몰래 들어갔습니다. 그런데 그들이 아람 군대에 들어가 보니 아람 군사들이 하나도 없었습니다. 저들이 가지고 온 군수 물자와 음식은 그대로 있는데 군사들은 단 한 명도 없는 것입니다. 배가 고팠던 네 명의 나병환자들은 그 자리에 앉아 배가 터지도록 음식을 먹었습니다. 그러다가 갑자기 성 안에 있는 형제들이 생각났습니다. 아람 군사들이 사라진 것도 모르고 여전히 성 안에 갇혀서 굶고 있는 사람들을 생각하니 당장 가서 이 사실을 알려야겠다는 생각이 든 것입니다. 그래서 곧바로 사마리아 성으로 달려가 이 사실을 말했습니다. 자신들이 '본 것'을 그대로 말했습니다.

"우리가 아람 진에 이르러서 보니 거기에 한 사람도 없고 사람의 소리도 없고 오직 말과 나귀만 매여 있고 장막들이 그대로 있더이다"(왕하7:10)

나병환자는 그 현장의 증인이었습니다. 자신들의 의견과 생각을 말한 것이 아니라 그들의 눈으로 본 것을 말한 사람입니다.

사사 시대에 미디안 사람들과 동방 사람들이 이스라엘로 쳐들어와서 백성들을 괴롭힌 적이 있었습니다. 그 때 사사 기드온이 나타나 삼백 명의 군사들과 함께 미디안과 동방의 대군을 물리친 적이 있습니다. 그런데 말이 그렇지 사실 기드온과 삼백 명의 사람들이 한 일은 우스운 일이었습니다. 나팔을 불고 항아리를 깨고 횃불을 휘두른 것뿐이었습니다(삿7:19-22). 그것도 자기 자리에 가만히 서서 그렇게 했던 것입니다. 그런데 그렇게 했을 때 미디안 군인들과 동방 군인들이 서로에게 칼을 휘두르면서 자기들끼리 싸우기 시작했습니다. 결국 그들은 거의 자멸했으며 살아남은 자들은 자기 발로 도망가버렸습니다.

기드온과 300명의 사람들은 거의 아무 일도 하지 않았습니다. 그렇다면 이들 300명은 어떤 의미가 있을까요? 증인입니다. 싸운 사람이 아니라 하나님이 어떤 분인지, 어떤 일을 하셨는지를 '본' 증인입니다. 하나님께서는 그 300명을 자신의 증인으로 삼으신 것입니다.

그리스도인은 하나님의 증인, 그리스도의 증인입니다. 그렇다면 우리는 무엇을 보았다고 말해야 하는 것일까요? 성경입니다. 나병환자는 도망간 아람 군대의 현장을 본 사람들입니다. 기드온과 삼백 명의 군사들은 하나님이 미디안과 동방 사람들을 어떻게 다루셨는지를 본 사람들입니다. 우리는 하나님이 어떤 일을 하셨는지가 자세히 기록된 성경을 본 사람들입니다! 태초에 하나님이 천지를 창조하셨다는 기록을 본 사람들이고 하나님의 아들이 인간의 죄를 위해 십자가에서 죽고 부활하셨다는 기록을 본 사람들입니다. 인간이 죽으면 다시 부활할 것이라는 기록을 본 사람들이고 후에는 예수께서 구름타고 다시 오셔서 세상을 심판하실 것이라는 기록을 본 사람들입니다.

자신을 증거물로 하는 증인

성경은 그리스도의 증인들의 이야기입니다. 그런데 수많은 증인들이 그리스도에 대한 증거물로 자기 자신을 내세웠습니다. 날 때부터 맹인이었던 청년에게 유대인들이 찾아갔습니다. 예수가 눈을 뜨게 한 것이 사실이냐고 물었습니다. 맹인이었던 그는 그렇다고 말하며 그 증거로 자신을 보라고 말했습니다.

"그가 죄인인지 내가 알지 못하나 한 가지 아는 것은 내가 맹인으로 있다가 지금 보는 그것이니이다"(요9:25)

수가성의 사마리아 여인도 예수께서 자신의 삶을 낱낱이 알고 말씀해 주셨다고 자신을 증거물로 예수의 그리스도 되심을 말했습니다.

예수가 하나님의 아들임을 자신을 증거물로 삼아 말한 가장 대표적인 사람은 바울입니다.

"내가 전에는 비방자요 박해자요 폭행자였습니다(딤전1:13상). 대제사장과 모든 장로들이 내가 유대인으로 길리기아 다소에서 출생한 것을 알고 있고 가말리엘에게서 배운 사람인 것도 알고 있습니다. 하나님에 대하여 남다른 열심히 있는 것도 알고 있습니다. 그리스도인을 잡으러 가기 위한 공문을 가지고 다메섹으로 간 것도 알고 있고 그리스도인들을 죽일 때에 찬성표를 던졌다는 것도 알고 있습니다(행22:3-5, 20, 26:4-5,9-12). 그런데 그런 내가 예수를 만나 이렇게 변화된 것입니다. 예수가 하나님의 아들로서 우리를 위해 죽은 것입니다. 내가 증거입니다."

보배롭고 존귀한 그리스도의 증인

증인이라고 해서 다 보배롭고 존귀한 증인은 아닙니다. 정확하고 세밀한 증거를 댈 수 있는 증인이 보배롭고 존귀한 증인입니다. 그리스도의 증인은 그리스도를 하나님의 아들, 구세주로 증거하는 사람입니다. 그렇다면 어떻게 그리스도의 보배롭고 존귀한 증인이 될 수 있을까요? 그분에 대하여 세밀히 알고 분명하게 알고 많이 알고 깊이 알고 있으면 됩니다. 바울이 보배롭고 존귀한 증인으로 산 이유가 그것입니다. 그는 주님을 깊이 알았습니다. 그의 표현을 들어보십시오.

"깊도다 하나님의 지혜와 지식의 풍성함이여!"(롬11:33)

우리도 더 깊이 주님을 알아가야 합니다. 더 넓게 주님을 알아야 합니다. 그의 영광의 풍성함을 알아야 하고 그의 은혜를 알아야 합니다(벧후3:18상). 그를 아는 지식이 더욱 깊고 높고 넓어져야 보배롭고 존귀한 그리스도의 증인이 될 수 있는 것입니다. 그렇기에 바울은 증인으로 살 디모데에게 배우고 확신한 일에 거하라고 했던 것입니다.

"그러나 너는 배우고 확신한 일에 거하라 너는 네가 누구에게서 배운 것을 알며"(딤후3:14)

훌륭한 증인은 말을 잘합니다. 본 것 들은 것을 잘 정리하여 상대방으로 하여금 알아듣기 쉽게 말하는 증인이 보배롭고 존귀한 증인입니다. 내가 증거하는 것을 더 잘 알아듣게 하기 위한 아름다움입니다. 성경은 그리스도의 증인으로 사는 성도들에게 늘 어떻게 말할 것인지를 준비하라고 했습니다.

"너희 마음에 그리스도를 주로 삼아 거룩하게 하고 너희 속에 있는 소망에 관한 이유를 묻는 자에게는 대답할 것을 항상 준비하되 온유와 두려움으로 하고"(벧전3:15)

온유와 두려움을 가지고 어떻게 말할 것인지를 잘 준비한 증인이 보배롭고 존귀한 증인이기 때문입니다.

삶이 성실하고 진실한 사람이 보배롭고 존귀한 증인이 될 수 있습니다. 왜냐하면 자기는 분명하고 확실한 증인이라 하더라도 다른 사람들이 그 말을 믿어 주지 않으면 그의 증거는 물거품이 되기 때문입니다. 사람들은 '그 말이 사실인가'에 따라 귀를 기울이는 것이 아닙니다. '말하는 사람이 누구인가? 어떤 성품을 가지고 어떻게 살고 있는 사람인가?'를 따진 다음에 들을 것인지 말 것인지를 결정합니다. 그러므로 보배롭고 존귀한 증인이 되길 원한다면 성실해야 합니다. 진실해야 합니다. 그리고 착해야 합니다. 덕이 있어야 하는 것입니다.

하나님은 그 아들의 피 값으로 산 성도들에게 증인으로 살라고 말씀하셨습니다. 우리는 모두가 증인입니다. 성경을 본 증인이요, 구원받은 증거물로서의 증인입니다. 주님 앞에 설 때까지 증인으로 살 것인데 보배롭고 존귀한 증인이 되기 위해 우리가 증거할 주님을 더 깊이 알아갑시다. 우리가 어떻게 증거할 것인지 항상 아름다운 말을 준비합시다. 그리고 우리가 증거하는 말에 사람들이 귀를 기울이도록 성실하고 진실하며 착하게 삽시다. 그래서 주님 보실 때에 참으로 보배롭고 존귀한 나의 증인이라는 칭찬을 들읍시다.

11

보배롭고 존귀한 **일꾼**입니다

내가 교회의 일꾼 된 것은 하나님이 너희를 위하여 내게 주신 직분을 따라
하나님의 말씀을 이루려 함이니라 골 1:25

보배롭고 존귀한 일꾼입니다

내가 교회의 일꾼 된 것은 하나님이 너희를 위하여 내게 주신 직분을 따라
하나님의 말씀을 이루려 함이니라 골 1:25

교회의 주인은 하나님이십니다. 이 땅의 모든 교회는 하나님의 교
회라는 말입니다. 자자손손 몇 대째 그 교회를 섬겨왔더라도, 교회
의 중요한 일을 도맡아서 헌신해왔더라도 교회의 주인은 그 누구도
아닌 하나님이시고 예수님이십니다. 예수는 베드로의 신앙고백을
들으시고 그 고백 위에 자신의 교회를 세우겠다고 말씀하셨습니다.

"시몬 베드로가 대답하여 이르되 주는 그리스도시요 살아 계신 하나님의 아들이시니이다

예수께서 대답하여 이르시되 바요나 시몬아 네가 복이 있도다 이를 네게 알게 한 이는 혈육

이 아니요 하늘에 계신 내 아버지시니라 또 내가 네게 이르노니 너는 베드로라 내가 이 반석

위에 내 교회를 세우리니 음부의 권세가 이기지 못하리라"(마16:16-18)

바울은 교회를 하나님께서 자기 피로 사신 공동체라고 설명했습니다(행20:28하). 그러므로 온 세상의 교회는 어느 한 사람의 교회가 아니라 하나님, 예수님의 교회인 것입니다. 만일 고린도에 있는 교회라면 고린도 지역에 있는 하나님의 교회인 것입니다(고전1:2상). 서울에 있는 교회라면 서울에 있는 하나님의 교회요, 부산에 있는 교회라면 부산 지역에 있는 하나님의 교회입니다. 그러므로 교회에 다니는 그 어느 누구도 '이 교회는 내가 세웠다', '이 교회는 내 교회다' 라고 하면 안됩니다.

교회는 하나님의 교회이고 성도들은 모두 하나님 교회의 일꾼입니다. 하나님 말씀을 이루어가는 일꾼인 것입니다. 생명과 구원의 소식인 십자가와 부활의 복음, 주님의 재림의 소식과 심판의 소식을 지키고 전하는 일을 하는 일꾼입니다. 그리스도 안에서 선한 일을 하는 일꾼이고(엡2:10), 사람들에게 복음을 가르치고 믿음을 갖게 된 사람들로 하여금 그 믿음 안에 굳게 서 있도록 하는 일꾼인 것입니다. 그러므로 성도는 하나님의 교회의 일꾼으로서 부끄러울 것이 없는 자가 되기 위하여 최선을 다해야 합니다. 그래서 교회의 주인이

신 하나님께 기쁨을 드려야 합니다.

착해야 합니다

교회의 일꾼으로 최선을 다하여 열매를 풍성히 맺는 것도 중요합니
다만 그것보다 먼저 생각해야 하는 것이 있습니다. 성품입니다. 하
나님의 교회의 일꾼은 착한 성품을 소유해야 보배롭고 존귀한 일꾼
이라는 칭찬을 들을 수 있습니다.

초대교회가 세워지던 때, 교회마다 좋은 일꾼들이 많이 있었습니다
만 특히 안디옥 교회의 일꾼인 바나바는 모든 교회가 인정한, 보배
롭고 존귀한 일꾼이었습니다. 그런데 성경에서 그 사람을 소개할 때
다른 말보다는 착한 사람이라는 표현을 많이 했습니다. 일꾼은 맡겨
진 일을 할 때 정확하고 똑부러지게 해야 합니다. 그러나 그렇게 일
만 잘하고 덕이 없다면 그 사람은 좋은 일꾼이 아닙니다. 정의롭게
일을 해야 하지만 사랑없는 정의를 부르짖는 일꾼은 오히려 하나님
의 교회를 분열시키고 혼란스럽게 만들며 상처를 줄 뿐입니다. 그
러므로 하나님의 교회의 일꾼은 바르게 일하되 착한 마음, 덕스러운
마음으로 일을 해야 하는 것입니다. 착하고 덕스럽다는 것은 이해
해 주고 기다려주고 참아주고 덮어주는 것을 말합니다. 정의와 실수

를 모르기 때문이 아닙니다. 잘못도 알고 그에 대한 손실도 잘 알지만 참고 기다리고 품어주고, 심지어는 조용히 덮어 주는 것입니다.

성경에 착한 성품으로 인해 공동체를 보존한 사람들의 이야기가 여러 번 나옵니다. 창세기에 등장하는 요셉도 그 중 한 사람입니다. 그는 열일곱 살 때 형들에 의해 애굽의 노예 상인에게 팔렸었습니다. 형들은 이유없이 요셉을 미워했고 급기야는 싫다는 이유만으로 동생 요셉을 팔아버린 것입니다. 요셉은 그때부터 인격을 무시당하며 노예로 살아야 했습니다. 그런 고생을 십삼 년이나 하다가 애굽의 총리가 되었는데, 전에 자신을 팔아넘겼던 형들이 곡식을 사기 위해 자신 앞에 무릎을 꿇은 것입니다. 그들을 보았을 때 요셉의 심정은 어땠을까요? 그런데 요셉은 착한 사람이었습니다. 그의 입에서는 착한 말이 흘러나옵니다.

"당신들이 나를 이 곳에 팔았다고 해서 근심하지 마소서 한탄하지 마소서 하나님이 생명을 구원하시려고 나를 당신들보다 먼저 보내셨나이다 이 땅에 이 년 동안 흉년이 들었으나 아직 오 년은 밭갈이도 못하고 추수도 못할지라 하나님이 큰 구원으로 당신들의 생명을 보존하고 당신들의 후손을 세상에 두시려고 나를 당신들보다 먼저 보내셨나니 그런즉 나를 이리로 보낸 이는 당신들이 아니요 하나님이시라 하나님이 나를 바로에게 아버지로 삼으시고 그 온 집의 주로 삼으시며 애굽 온 땅의 통치자로 삼으셨나이다"(창45:5-8)

만일 요셉이 자신을 팔았던 형들에게 분풀이를 했으면 어떻게 되었을까요? 피와 눈물이 얼룩지는 고통을 야곱 공동체가 겪었을 것이고, 결과적으로 야곱 공동체가 소멸되었을지도 모릅니다. 그런데 죄를 덮고 잘못한 사람들을 용서하고 품어준 요셉의 착한 마음이 야곱 공동체를 오히려 더욱 든든히 세운 것입니다.

마태복음에 나오는 예수님의 아버지인 요셉도 마찬가지입니다. 자신의 정혼녀인 마리아가 임신을 했을 때 얼마나 당황했겠습니까? 게다가 마리아가 말하기를 자신의 임신은 남자를 통해서가 아니라 성령에 의한 것이라고 말했을 때 요셉은 너무 황당하여 참기가 어려웠을 것입니다. 그 말이 사실이었음에도 불구하고 요셉은 성령으로 잉태하였다는 말을 믿을 수가 없었고, 그저 사랑하는 여인의 구차한 변명으로만 들렸을 것입니다. 배신감마저 들었을지 모릅니다. 그런데 요셉의 행동은 놀라웠습니다.

"그를 드러내지 아니하고 가만히 끊고자 하여"(마1:19하)

그의 괴로움이 잘 나타나는 단어입니다. "가만히 끊고자 하여". 그는 자신이 죽고 싶을 만큼 억울하고 괴로웠어도 마리아를 정죄하지 않았습니다. 이해할 수는 없었지만 조용히 덮어주었습니다. 그의 착한 행동입니다. 만일 그가 율법대로 돌을 들어 다른 남자의 아이를 임신한 것으로 보이는 마리아를 쳤다면 어떻게 되었을까요? 베들레헴 공동체는 피비린내나는 살육의 마을이 되었을 것입니다. 분하고 억울하고 수치스러웠지만, 상대의 죄가 드러났을 때 그것을 따지지 않는 착한 행동을 하였더니 베들레헴 공동체가 평온을 유지할 수 있었고 하나님의 은혜가 그 마을에 임한 것입니다.

우리는 하나님이 주인이신 교회의 일꾼입니다. 교회에서 보배롭고 존귀한 일꾼은 무엇보다 마음이 착해야 합니다. 착한 사람이 하나님의 교회를 평안하게 만들고 착한 사람으로 인해 하나님의 교회가 하나님의 일을 온전히 할 수 있기 때문입니다.

성령으로 충만합니다

초대 안디옥 교회의 보배롭고 존귀한 일꾼이었던 바나바는 성령이 충만한 사람이었습니다. 즉 하나님 교회의 일꾼은 성령에 지배되는 사람이어야 한다는 말입니다. 제 정신으로는, 즉 육신의 정신으로는 하나님의 일을 할 수가 없습니다. 하나님의 일은 하나님의 영으로 충만한 사람이 하는 것입니다. 하나님의 영으로 충만해야 교회의 주인이신 하나님의 마음을 알 수 있기 때문입니다. 주인의 일을 하는 일꾼이 주인의 마음을 모른다면 그 얼마나 위험한 일이겠습니까?

그런데, 성령으로 충만하다는 말은 무엇일까요? 혀가 꼬부라지는 방언을 하고 그 방언을 통역하기도 하고 병을 고치거나 환상을 보거나 앞으로의 일들을 줄줄줄 예언하는 것을 말할까요? 그럴 수도 있습니다만 그것은 성령의 은사가 나타나는 현상이지 성령 충만을 말하는 것은 아닙니다. 성령이 충만한 사람을 한마디로 설명하면 일상에서 '예수님이라면 어떻게 하실까?' 를 항상 생각하는 사람입니다. 그는 교회에서는 물론이고 가정에서도 직장에서도 '예수님이라면 어떻게 하실까?' 를 생각해 본 후에 행동합니다. 그는 자신의 감정을 따라 말하거나 행동하지 않습니다. 자신의 지식이나 경험을 근거로 말하거나 행동하지 않습니다. 자신의 유익을 위해 말하거나 행동하지도 않습니다. 누구를 만나든지 어디를 가든지 무슨 일을 하든지 예수님은 어떻게 하실지를 생각한 후에 행동합니다.

사무엘은 어려서부터 그것을 배웠습니다. 그가 어렸을 때, 성전에서 잠을 자다가 하나님이 나타나셔서 그를 부르셨을 때의 일입니다.

한번도 하나님의 음성을 들어보지 못했던 어린 사무엘은 자신의 이름이 불려졌을 때 엘리 제사장에게로 갔습니다. 엘리 제사장은 그 음성이 사무엘을 부르시는 하나님의 음성인줄 알고 그가 어떻게 행동해야 할 것인지를 알려 주었습니다.

"여호와여 말씀하옵소서 종이 듣겠나이다 하라"(삼상3:9중)

그 후 사무엘은 평생 동안 하나님의 음성에 귀를 기울이면서 살았습니다. 하나님의 음성에 귀를 기울인다는 것은 하나님의 마음을 헤아린다는 의미입니다. 즉 자신을 하나님의 생각으로 채우려는 것, 성령의 충만함을 말하는 것입니다. 다윗의 일생도 마찬가지였고 신앙의 선진들의 삶이 거의 그런 삶이었습니다.

유다와 이스라엘이 페르시아에서 식민 생활을 할 때였습니다. 놀랍게도 페르시아의 노예로 살면서도 느헤미야는 그 나라 왕에게 술을 만들어 따르는 사람이 되었습니다. 그는 왕을 편하게 하는 성품을 지녔기에 늘 왕궁에 살면서 왕의 곁을 지켰습니다. 그러던 어느 날 본인의 고향인 예루살렘이 불타 무너진 채로 있다는 소식을 듣고는 마음에 근심이 생긴 것입니다. 그런데 그 슬픈 마음을 왕에게 들키고 말았습니다. 느헤미야의 얼굴에 수심이 있는 것을 본 왕이 그에게 물었습니다. 무슨 일로 근심하고 있냐는 것입니다. 어떤 도움이 필요하냐고 물었습니다. 왕께 대답하기 전, 그 짧은 순간에 느헤미야는 하나님을 생각했습니다. '하나님이라면 지금 왕에게 어떻게 대답을 하실까' 라는 마음의 기도였습니다.

"내가 곧 하늘의 하나님께 묵도하고"(느2:4하)

성령으로 충만한 사람은 어떤 말과 행동을 하기 전에 예수님을 먼저 생각하는 사람입니다. 예수님은 어떻게 하실지를 먼저 생각해보고 그대로 따르는 사람이 성령으로 충만한 사람입니다. 하나님의 교회에서 일꾼으로 일하는 사람들은 하나님의 교회를 든든히 세워가면서 복음을 지키고, 가르치고, 선한 일을 하는 사람들입니다. 그 일을 잘하기 위해서는 내 생각을 내려놓고 성령의 생각으로 충만해져야 합니다. 그렇게 될 때 하나님의 교회의 보배롭고 존귀한 일꾼이 될 수 있습니다.

믿음이 충만합니다

초대 교회의 보배롭고 존귀한 일꾼이었던 바나바는 믿음이 충만한 사람이었습니다. 믿음이 충만하다는 말은 하나님을 전적으로 신뢰하며 하나님의 말씀에 목숨을 건다는 말입니다. 즉 말씀에 대해 철저하게 순종하는 것입니다. 하나님의 교회의 보배롭고 존귀한 일꾼은 위대한 일을 하는 사람, 위대한 업적을 남기는 사람, 위대한 헌신을 하는 사람이 아닙니다. 주의 말씀에 순종하는 사람이 하나님의 교회의 보배롭고 존귀한 일꾼입니다.

사울 왕은 아말렉을 물리치는 위대한 일을 했고 아말렉 사람들이 남겨 놓은 어마어마한 전리품들을 이스라엘의 재산으로 만드는 위대한 일을 했습니다만 그는 하나님의 보배롭고 존귀한 일꾼은 아니었습니다. 전리품을 남기지 말라고 하신 하나님의 말씀에 순종하지 않았기 때문입니다. 교회의 보배롭고 존귀한 일꾼은 위대한 순종의 사람입니다.

이스라엘 백성들이 요단강을 건널 때 뽑힌 네 명의 제사장들이 있었습니다. 저들은 무거운 언약궤를 어깨에 멘 채로 출렁이는 깊은 강물 속으로 들어가라는 명령을 받은 사람들입니다. 상식적으로 생각하면, 무거운 언약궤를 메고 그 강으로 들어가는 순간 모두 다 죽습니다. 그런데 그들은 하나님의 명령에 순종했습니다. 그랬더니 하나님의 교회, 이스라엘 공동체가 모두 가나안으로 들어가게 되었습니다. 순종은 교회 공동체를 살립니다.

사사 시대에 미디안 사람들이 동방 사람들과 함께 대군을 이끌고 이스라엘로 쳐들어온 적이 있었습니다. 그때 하나님이 기드온을 불러서 사사를 삼으셨고 기드온은 수십만 명의 동방 연합군들과 맞서 싸울 군사들을 모집했습니다. 그런데 자원해서 나온 사람들은 고작 32,000명뿐이었습니다. 그러나 얼마나 대단한 결심을 하고 나온 사람들인지요. 위대한 헌신자들이었습니다. 그런데 하나님은 이들 가운데 300명만을 선택하신 것입니다(삿7:7). 그리고 그 300명에게 동방 연합군과 싸우기 위해 항아리와 횃불과 나팔만을 준비하고 싸움에 나가라고 하셨습니다(삿7:16). 그런데 300명의 군사들이 그 말도 안되는 말씀, 항아리와 횃불과 나팔을 가지고 전쟁에 나가라는 말씀에 순종한 것입니다. 그 순종으로 인해 이스라엘 가운데 하나님의 영광이 나타났고 승리를 얻을 수 있었습니다. 그런데 그 300명의 순종보다 더 대단한 순종이 있습니다. 헌신하기 위해 왔다가 돌아가라는 말을 듣고 돌아간 31,700명입니다. 이들은 분명 힘든 결정을 하고 목숨을 바치겠다고 결단하면서 헌신자로 나선 사람들입니다. 그런데 하나님이 돌아가라고 하셨을 때 그 뜻을 굽히고 되돌아간 것입니다. 하나님이 너희들의 헌신은 필요하지 않다고 하셨을 때 '그것이 하나님의 뜻이라면 돌아가겠습니다' 하고 돌아간 것 역시 위대한 일꾼의 모습인 것입니다. 하나님이 보시기에 보배롭고 존귀한 일꾼의 모습입니다.

추천하고 싶은 사람

세상에서 가장 영광스러운 일은 위대한 사람에게 부름을 받아 쓰임을 받는 것입니다. 그런데 우리는 하나님에게 부름을 받아 하나님의 일꾼으로 쓰임을 받고 있으니 이 얼마나 영광스러운 일인지요. 우리가 하나님을 섬기는 것이 아닙니다. 하나님이 우리를 사용하여 주시는 것입니다. 그것을 알게 된 바울은 너무도 감사한 마음에 이렇게 말합니다.

"우리 주께 내가 감사함은 나를 충성되이 여겨 내게 직분을 맡기심이니"(딤전1:12하)

당신은 하나님이 하나님의 교회를 위해 일할 수 있는 기회를 주신 것을 감사하고 있습니까? 혹시 내가 시간과 돈과 재능을 바쳐 하나님의 교회에 선심을 쓰고 있다고 생각하고 있지는 않습니까? 절대로 아닙니다. 우리는 하나님께 쓰임을 받고 있는 은혜받은 사람일 뿐입니다.

하나님의 은혜로 이곳저곳에서 쓰임을 받고 있는 많은 일꾼들 중에 참으로 보배롭고 존귀한 일꾼이 있습니다. 하나님이 자랑하고 싶어 하시고, 함께 일하는 사람들이 이구동성으로 칭찬하며 누구에게 추천해도 후회하지 않을 그런 일꾼이 있습니다. 바울은 그런 사람으로 겐그리아 교회의 자매인 뵈뵈를 소개했습니다.

내가 겐그레아 교회의 일꾼으로 있는 우리 자매 뵈뵈를 너희에게 추천하노니(롬16:1)

아! 추천하고 싶은 그 사람, 얼마나 보배롭고 존귀한 일꾼인지요. 나는 그런 보배롭고 존귀한 일꾼이 되고 싶습니다.

12

보배롭고 존귀한 **상속자**입니다

자녀이면 또한 상속자 곧 하나님의 상속자요 그리스도와 함께 한 상속자니
우리가 그와 함께 영광을 받기 위하여 고난도 함께 받아야 할 것이니라 롬 8:17

보배롭고 존귀한 **상속자**입니다

자녀이면 또한 상속자 곧 하나님의 상속자요 그리스도와 함께 한 상속자니
우리가 그와 함께 영광을 받기 위하여 고난도 함께 받아야 할 것이니라 롬 8:17

인간은 누군가로부터 무엇인가를 물려받기도 하고 또 무엇인가를 물려주기도 합니다. 그것이 물질적인 것일 수도 있고 정신적인 것일 수도 있습니다. 일반적으로 생각할 때 물질적인 상속에 대하여는 긍정적으로 생각하는 사람이 별로 많지 않은 것 같습니다. 하지만 정신적인 것을 누군가에게 물려준다고 하면 어쩐지 좀 숭고해 보이기도 하고 고상해 보이기도 합니다.

그런데 정말 보배롭고 존귀한 것은 정신적인 상속보다 영적인 상속입니다. 그래서 누군가에게 영적인 것을 물려주는 그리스도인은 하나님의 눈에 정말 보배롭고 존귀한 존재, 상속자인 것입니다.

하나님을 섬기는 예배를 상속합니다

사람의 본분은 하나님을 경외하는 것입니다. 창조주 하나님을 예배하는 것이 만물의 영장으로 지음을 받은 인간의 본분인 것입니다.

"하나님을 경외하고 그의 명령들을 지킬지어다 이것이 모든 사람의 본분이니라"(전12:13하)

그런데 인간이 타락하기 시작하면서 하나님을 예배해야 하는 인간의 본분을 망각하였고, 예배를 싫어하게 되었습니다. 예배는 하나님과 인간 사이를 연결해주는 기본적인 요소이기 때문에 이 예배가 중단되면 인간의 영혼은 병들어 죽게 됩니다. 하나님은 인간의 찬송, 즉 예배 중에 거하시기 때문입니다.

"이스라엘의 찬송 중에 계시는 주여 주는 거룩하시니이다"(시22:3)

그러므로 우리가 상속받아야 하는 가장 중요한 것은 하나님을 예배하는 것이고 상속해야 할 가장 중요한 것도 하나님을 예배하는 것입니다.

하나님이 당신의 백성을 선택하시는 이유중의 하나는 예배의 맥을 이어가기 위함입니다. 아벨이 죽은 후 셋을 보내신 것도 그렇습니다. 예배를 잘 드렸다는 이유로 형인 가인에게 죽임을 당했던 아벨의 '예배의 맥'을 셋을 통해 이어가게 하셨던 것입니다. 셋 뿐 아니라 그의 후손들도 하나님을 예배하는 것을 물려받았습니다.

"아담이 다시 자기 아내와 동침하매 그가 아들을 낳아 그의 이름을 셋이라 하였으니 이는 하나님이 내게 가인이 죽인 아벨 대신에 다른 씨를 주셨다 함이며 셋도 아들을 낳고 그의 이름을 에노스라 하였으며 그 때에 사람들이 비로소 여호와의 이름을 불렀더라"(창4:25-26)

창세기의 초기 족보는 예배를 상속하고 상속받은 자들의 기록과 예배가 아닌 다른 것들을 상속하고 상속 받은 무리들의 기록입니다. 그리고 예배를 상속 받은 자들을 통해 역사하시는 하나님의 이야기입니다. 아브라함과 이삭, 야곱과 요셉의 이야기가 그것입니다.

출애굽기도 마찬가지입니다. 하나님이 가나안의 노예로 사는 이스라엘 사람들을 구출한 것은 저들로 하여금 예배를 받기 위함이었습니다. 가나안에 들어간 야곱의 자손들이 조상들로부터 예배를 상속받지 못하여 하나님을 잊고 예배를 잃어버렸기에 그들을 애굽에서 끌어내어 다시 당신의 예배자로 만드신 것입니다. 저들이 광야를 지나 가나안에 들어갔을 때 여호수아는 온 백성에게 선언했습니다. 자신과 자신의 가족은 하나님을 예배하는 삶을 택할 것이라고.

"오직 나와 내 집은 여호와를 섬기겠노라"(수24:15하)

그 말은 자신은 선대에게서 하나님을 예배하는 것을 상속받은 사람이고, 또 자신의 자손에게 하나님을 예배하는 것을 상속할 것이라는 선언입니다.

우리가 믿는 복음을 상속합니다

단지 매주일 교회를 출석하는 것이 중요한 것이 아니라 진심으로 하나님을 예배하는 예배자, 신앙인이 되는 것이 중요합니다. 그런데 그것은 신앙의 내용을 분명하게 알 때에만 가능한 것입니다. 그러므로 우리가 상속을 받고 상속해야 할 것은 우리가 믿는 복음입니다.

성경의 많은 인물들이 복음을 상속하고 상속 받았습니다만 그 가운데 디모데의 외할머니와 어머니의 이야기는 우리에게 믿음을 상속하는 가정으로서 무척 귀감이 됩니다. 디모데를 바울의 영적 아들이라고 합니다만 사실 디모데가 믿음을 갖게 된 것은 바울을 통해서가 아닙니다. 바울은 디모데의 믿음이 외할머니이신 로이스와 어머니인 유니게의 믿음을 상속받은 것이라고 말합니다.

"이는 네 속에 거짓이 없는 믿음이 있음을 생각함이라 이 믿음은 먼저 네 외조모 로이스와 네 어머니 유니게 속에 있더니 네 속에도 있는 줄을 확신하노라"(딤후1:5)

즉 로이스는 그의 딸 유니게에게 믿음을 상속했고 유니게는 자신의 어머니에게 물려받은 믿음을 그의 아들 디모데에게 상속한 것입니다. 디모데는 어머니에게서 믿음을 상속 받은 것입니다. 보배롭고 존귀한 상속자들입니다.

믿음을 상속한다는 것은 어떤 하나님을 믿어야 하는지를 가르쳐주는 것을 말합니다. 무조건 하나님을 믿으라고 하는 것이 아니라 믿는 하나님이 어떤 분인지를 알려줘야 합니다. 하나님께서 천지를 창조하셨다는 것과 만물의 모든 것을 하나님이 지으셨다는 사실(창1:1, 사40:26, 시104:24)을 알려 주고 인간도 하나님께서 지으셨다는 것(시100:3)을 알려 주어야 합니다. 또한 우리가 믿는 하나님은 여러 신들 중의 하나가 아니라 유일하신 하나님(신6:4, 요17:3)이시라는 것도 가르쳐 주어야 합니다. 사람들은 하나님 말고도 다른 신이 있다고 생각하기 때문입니다. 하나님이 그 여러 신들 중 하나이고, 내가 그 신들 중 하나를 선택하여 믿는 것이 신앙 생활이라는 생각을 하고 있기 때문입니다.

또한 우리가 믿는 하나님이 사랑의 하나님이심을 알게 해야 합니다. 세상 사람들은 자신들이 신을 만들어 섬기면서도 그 신들을 무서운 신으로 인식하게 했습니다. 그래서 하나님을 섬기는 사람들도 하나님을 무서운 신, 인간을 책망하고 죄를 지으면 반드시 벌을 주시며 계속 무엇인가를 바치라고 요구하는 신으로 알고 있습니다. 그러나 우리의 하나님은 인간을 사랑하는 신입니다. 인간을 보호하는 신입니다. 하나님은 밤에도 졸지 않으신다는 표현으로 인간에 대한 사랑을 알려주셨습니다.

"여호와께서 너를 실족하지 아니하게 하시며 너를 지키시는 이가 졸지 아니하시리로다 이스라엘을 지키시는 이는 졸지도 아니하시고 주무시지도 아니하시리로다"(시121:3-4)

오직 예수를 믿음으로 의롭게 되고 그 믿음만으로 구원을 받는다는 좋은 소식이 우리가 상속받고 상속해야 할 내용입니다. 인간이 종교적인 이유는 구원에 대한 본질적 열망이 있기 때문입니다. 그러

면서도 그 구원은 완벽한 삶이나 선행, 수행 혹은 고행 등을 통해서
얻을 수 있다고 생각을 합니다. 그런데 성경은 그런 인간의 일반적
인 생각을 뒤집고 있습니다. 구원은 오직 믿음만으로 얻을 수 있다
고 말합니다. 그러므로 누구든지 구원을 받을 수 있고 구원받는 것
이 매우 쉽다는 것을 말하고 있는 것입니다. 우리가 상속받고 상속
해야 할 믿음의 내용은 오직 믿음으로 구원을 받는다는 기쁜 소식
입니다. 하나님은 성경을 통해 구원은 믿음으로 되는 것임을 분명
하게 말씀하셨습니다.

"아브라함이 여호와를 믿으니 여호와께서 이를 의로 여기시고"(창15:6)

"의인은 그의 믿음으로 말미암아 살리라"(합2:4)

"사람이 의롭다 하심을 얻는 것은 율법의 행위에 있지 않고 믿음으로 되는 줄 우리가 인
  정하노라"(롬3:28)

"너희가 다 믿음으로 말미암아 그리스도 예수 안에서 하나님의 아들이 되었으니"(갈3:26).

우리가 상속하고 상속받아야 할 또 하나는 성령의 역사와 기도 응
답의 믿음입니다. 하나님께서 기도에 응답하시겠다고 말씀하신 것
에 대한 믿음을 상속받고 상속해야 합니다. 정욕으로 쓰기 위해 잘
못 구하는 것이 아니고(약4:2) 주실 것을 의심하지 않고 구한다면 하

나님은 주시겠다고 하셨습니다. 우리가 부르짖을 때에 응답하실 것을 말씀하셨고 대답하실 것이라고 하셨습니다.

"네가 부를 때에는 나 여호와가 응답하겠고 네가 부르짖을 때에는 내가 여기 있다 하리라"(사58:9상)

크고 은밀한 일도 알려 주시겠다고 하셨습니다. 예수도 당신의 이름으로 하나님께 기도하면 하나님이 이루어주실 것이라고 하셨습니다(요16:23-24). 성령을 주시겠다고 하셨습니다(눅11:13). 이 얼마나 놀라운 약속의 말씀인지요. 우리는 이 약속을 믿는 믿음을 상속받아야 하고 이 기도의 약속을 믿는 믿음을 상속해야 하는 것입니다. 이는 어떤 정신적인 것이나 물질적인 것을 상속하는 것과는 비교도 할 수 없을 만큼 놀라운 것을 상속하는 것입니다.

경건을 상속합니다

경건한 삶을 상속하는 것이 보배롭고 존귀한 일이고 경건을 상속받는 것이 아름다운 일입니다. 경건은 주님을 닮아가는 삶을 말합니다. 경건 속에 하나님의 기뻐하심이 있고, 하나님은 경건한 사람을 믿으시며 경건한 사람을 통해 당신의 일을 이어가시기 때문입니다.

물론 부모가 경건을 상속하려는 것과, 자녀가 경건을 상속받는 것은 별개의 문제입니다. 그러나 보배롭고 존귀한 상속자가 되기 위해서는 경건을 상속해야 합니다.

욥은 스스로가 경건했습니다만 그는 자신의 경건을 자녀들에게 보여주면서 경건을 상속하려 했습니다. 자녀들이 모여 생일 잔치를 할 때면 모든 자녀를 불러다가 명수대로 성결하게 하면서 번제를 드렸던 것입니다.

"그들이 차례대로 잔치를 끝내면 욥이 그들을 불러다가 성결하게 하되 아침에 일어나서 그들의 명수대로 번제를 드렸으니 이는 욥이 말하기를 혹시 내 아들들이 죄를 범하여 마음으로 하나님을 욕되게 하였을까 함이라 욥의 행위가 항상 이러하였더라"(욥1:5)

자녀들은 아버지가 왜 그렇게 하는지를 알았습니다. 경건해야 한다는 것이고 경건을 이어받으라는 행동이었습니다. 욥의 그러한 모습은 상상만 하더라도 보배롭고 존귀하다는 느낌이 듭니다.

사사 입다도 경건을 상속한 사람입니다. 그가 암몬 자손과 싸우러 나갈 때 하나님께 약속하기를, 자신이 승리하고 돌아올 때 자기 집에서 제일 먼저 나온 사람을 하나님께 번제로 드리겠다고 약속을 했었습니다. 그런데 전쟁에서 승리하고 돌아올 때 나온 첫 사람이 하필이면 그의 소중한 무남독녀 딸이었던 것입니다. 입다에게는 말할 수 없이 고통스러운 일이었습니다. 하나님과의 약속이 있었기 때문입니다. 그런데 그의 딸이 입다에게 하는 말이 놀랍습니다.

"딸이 그에게 이르되 나의 아버지여 아버지께서 여호와를 향하여 입을 여셨으니 아버지의 입에서 낸 말씀대로 내게 행하소서 이는 여호와께서 아버지를 위하여 아버지의 대적 암몬 자손에게 원수를 갚으셨음이니이다 하니라"(삿11:36)

하나님을 향한 입다의 마음도 대단하지만 자신이 번제물로 드려져야 한다는 아버지의 약속에 스스로 나서는 딸의 마음도 그 아버지에 뒤지지 않습니다. 그 아버지의 그 딸입니다. 아버지는 딸에게 하나님 앞에서의 삶을 상속하려 했었고 딸은 그 경건을 상속받은 것이 아닐까요? 경건을 상속하는 사람이 아름답습니다. 그리고 상속하는 경건을 상속 받는 사람 또한 얼마나 보배롭고 존귀한지 모르겠습니다.

하나님 앞에서 그리도 경건했던 사무엘, 그는 분명 자신의 아들들이 자신의 경건을 상속받기를 간절히 소원했을 것입니다만 그의 아들들은 아버지의 경건을 상속받지 않았습니다. 불쌍한 자들입니다.

"보소서 당신은 늙고 당신의 아들들은 당신의 행위를 따르지 아니하니"(삼상8:5상)

다윗 역시 경건한 사람이었고 그 경건을 자식들에게 물려주길 원했지만 불행하게도 아버지의 가장 귀한 상속물인 경건을 상속받은 아들들은 없었습니다.

우리는 선대로부터 그 무엇보다도 경건을 상속 받으려는 마음을 가져야 합니다. 그리고 다음 세대에 꼭 상속하고 싶은 것이 있다면 경건이어야 하는 것입니다. 경건은 범사에 유익할 뿐 아니라 금생과 내생에서도 약속이 있는 것이기 때문입니다.

"육체의 연단은 약간의 유익이 있으나 경건은 범사에 유익하니 금생과 내생에 약속이 있느니라"(딤전4:8)

사람들은 선대로부터 무엇인가 상속을 받습니다. 그리고 그것으로 이생을 살다가 후대에 무엇인가를 상속하고 세상을 떠납니다. 당신은 무엇을 상속 받았습니까? 그리고 무엇을 상속하고 싶습니까? 정말 보배롭고 존귀한 것을 상속받고 상속하고 있습니까?

하나님을 예배하는 것을 상속받았다면 당신은 정말 귀한 것을 상속받은 사람입니다. 하나님이 창조주시며, 유일한 신이시고, 인간을 사랑하시는 분이라는 믿음과 오직 구원은 믿음으로 받는다는 것, 그리고 하나님께 기도하면 응답 받는다는 믿음을 상속받았다면 당신은 정말 위대한 것을 상속받은 사람입니다. 당신이 선대로부터 경건을 상속받았다면 이 땅에 몇 안되는 복덩이입니다.

이제 후대에 무엇을 상속할 것인지를 결단하십시오. 범사에도 이생과 내생에서도 보배롭고 존귀하게 여겨질 것을 상속해야 하지 않겠습니까? 예배를 상속하십시오. 믿음을 상속하십시오. 경건을 상속하십시오. 그 사람이 보배롭고 존귀한 상속자입니다.

글을 마치며

다른 사람들은 나를 어떻게 생각하는지 잘 모르겠지만 나는 종종 나 스스로에게 미안한 생각이 들곤 했습니다. 이상하게도 자꾸만 나 자신이 별볼일 없는 사람이라는 생각이 들었기 때문입니다.

이 세상에 태어나긴 했는데 왜 태어났는지도 모르겠고 부모님이 잘 키워주시고 교육도 시켜주셔서 성장하긴 했는데 그냥 남들도 다 그렇게 살아가는 세상이니깐 그렇게 살아온 것뿐이었습니다. 남들과 나를 비교했을 때 그닥 내가 나은 것이 없었기 때문에 스스로를 홀대했는지도 모르겠습니다. 남들도 나처럼 나를 보잘 것 없게 생각할 것이라는 이상한(?) 믿음도 있었습니다.
그러다가 주님의 편지를 읽은 것입니다. 주님에게는 내가 보배
롭고 존귀한 존재라는 놀라운 말씀이었습니다. 읽고 또 읽었습
니다. 하나님은 나를 그렇게 존귀하게 여기시는데 정작 내가 나
를 하찮은 존재로 여기며 살아온 것이 한심하기도 하고 하나님
께 죄송하기도 했습니다. 참 많이 죄송했습니다.

하나님을 기쁘시게 할 능력이 없는 우리가 그나마 우리 하나님
을 기쁘시게 할 방법은, 우리를 보배롭고 존귀히 여겨주심을 감
사하며 그것을 즐거워하는 것입니다. 가슴 깊이 뿌듯해하면서
세상을 당당하게 살아가는 것입니다!

나는 하나님이 직접 만들어주신 그분의 '작품' 입니다. 죄 많은
나를 위해 당신의 아들을 내 죄와 함께 십자가에 못 박아 죽이셨
습니다. 그렇게 나의 죄를 없애주시고, 십자가에서 죽은 예수를

새 생명으로 부활시켜 그 생명을 내게 다시 불어 넣어 주셨습니다. 그 얼마나 깊은 사랑입니까! 하나님께 나는 얼마나 보배롭고 존귀한 존재인지요!

그래서 나는 인생을 적극적으로 살아야 하는 존재이고 그 만한 자격이 있는 존재이며 그렇게 살아야 할 이유와 사명도 있는 존재입니다. 그렇게 살라고 하나님은 우리를 잠시 더 세상에 남겨 두셨습니다. 여전히 우리를 보배롭고 존귀한 존재로 보고 계시는 하나님께 기쁨의 미소를 드리는 삶을 살고 싶습니다. 멋진 군사처럼, 멋진 경주자처럼, 멋진 농부처럼 말입니다. 하나님이 보배롭고 존귀하게 여기는 것처럼 누가 보더라도 깨끗한 그릇으로, 향긋한 향기로, 놀라운 소식을 담은 편지로 살아야 합니다. 하나님을 모신 성전으로서, 형제들과 서로 지체됨을 나누며 주님만을 사모하는 신부로서 살아야 합니다. 주님의 품에 안길 때까지 십자가에서 죽으시고 부활하신 예수님의 증

인으로 목숨을 다하는 충성된 일꾼으로 살다가 그것을 후손들에게 상속하고 하나님 나라를 상속받는 상속자가 되어야 합니다. 우린 보배롭고 존귀한 사람들이기 때문입니다.

하나님 눈에 보배롭고 존귀한 존재임을 잊지 마십시오. 한없이 한심하고 초라한 자신만을 바라보고 있으면 결코 보배롭고 존귀한 것이 느껴지지 않을 것입니다. 그러나 하나님이 당신을 어떻게 보고 계시는지 눈을 들고 귀를 기울여 보십시오. 하나님은 단 한번도 당신을 다르게 말씀하신 적이 없으십니다. 전에도 그랬고, 지금도 보배롭고 존귀한 존재라고 말씀하고계시고 앞으로도 변함없이 당신을 보배롭고 존귀한 존재라고 말씀하실 것입니다. 당신은 창조주 하나님의 눈에 보배롭고 존귀한 존재입니다. 할렐루야!